Albert Damblon

Nehmt und esst alle davon

Albert Damblon

Nehmt und esst alle davon

Meine Erfahrungen mit der Ökumene

Mit einem Nachwort von
Wolfgang Hess

echter

In den 75 Jahren seit meiner Erstkommunion habe ich allein durch den regelmäßigen Messbesuch etwa 4.000-mal der Verkündigung der Botschaft Jesu zugehört und darüber nachgedacht. Dabei ist meine Faszination für diesen Jesus von Nazareth immer mehr gewachsen und mein Gewissen mehr und mehr gebildet, ja geschärft worden, so dass für mich seit langem klar ist, dass es um der Glaubwürdigkeit im Bemühen um die Nachfolge Jesu wegen in bestimmten Situationen geradezu geboten ist, der Obrigkeit deutlich zu widersprechen. … Meine eigene religiöse, ökumenische Praxis werde ich allein an Jesu einladenden Worten, wie sie bei jeder Abendmahls- oder Eucharistiefeier übermittelt werden – „Nehmt und esst alle davon“ – orientieren. Die fehlende Billigung werde ich aushalten.

Helmut G. in einem Brief an seinen Bischof

Der Umwelt zuliebe verzichten wir bei diesem Buch auf Folienverpackung.

Bibliografische Information der Deutschen Nationalbibliothek

Die Deutsche Nationalbibliothek verzeichnet diese Publikation in der Deutschen Nationalbibliografie; detaillierte bibliografische Daten sind im Internet über ‹http://dnb.d-nb.de› abrufbar.

1. Auflage 2021

Umschlag: Vogelsang Design, Jens Vogelsang, Aachen
Umschlagbild: Shutterstock/DenizKa
Innengestaltung: Crossmediabureau
Druck und Bindung: CPIbooks – Clausen & Bosse, Leck

ISBN 978-3-429-05597-4

Inhalt

Katholische Anfänge

Familiengeschichten

Als Kind wuchs ich durch und durch katholisch auf. Ich konnte mir nichts anderes vorstellen, als katholisch zu sein, obwohl die konfessionelle Welt schon vor 60 Jahren durcheinandergeraten war. Sonntags besuchte ich mit meinen Eltern die Messe. Zu einer richtigen Kirche gehörten immer ein Tabernakel und ein ewiges Licht. Stolz trug ich bei der Fronleichnamsprozession ein Fähnchen durch die Straßen. Ich lernte in einer katholischen Volksschule den katholischen Katechismus, und selbstverständlich war ich Messdiener. Auf der Straße grüßte ich ehrfürchtig den katholischen Pastor. Den evangelischen hätte ich gar nicht erkannt.

Dabei gab es evangelische Verwandtschaft, worüber wir in der Familie selten redeten. Bevor sie zu Besuch kam, wies mich meine streng-katholische Großmutter ein: „Tante Luise kommt aus der kalten Heimat. Sie ist evangelisch. Alle ‚von drüben' sind evangelisch", stöhnte sie, „aber als sie Onkel Anton heiratete, ist sie katholisch geworden. Wie es sich gehört." „Wie es sich gehört" war in dem Zusammenhang ihr meistgebrauchter Satz. Katholisch konnte man werden, ‚von drüben' blieb man ein Leben lang. Die Ehe ihres Sohnes Anton war für meine Oma in katholischer Ordnung geregelt. Deshalb quälte sie ein viel schlimmeres Problem. Ihr ältester Sohn Josef hatte eine Frau geheiratet, die von hier war, jedoch evangelisch, was am Niederrhein selten vorkam. ‚Von hier' und trotzdem evangelisch war für meine Großmutter unvorstellbar. Jedes Mal, wenn Onkel Josef mit seiner Frau Wilhelmine die Oma besuchte, wurde sie vorher nervös. Nicht wegen ihrer Schwiegertochter, die eine angenehme

Frau war, sondern wegen ihres Sohnes, der sich sogar erdreistet hatte, aus der römisch-katholischen Kirche auszutreten. Ein Kirchenaustritt war für sie eine Todsünde, letztlich unverzeihlich. Ihrem Sohn drohte die zweifache Hölle. Eine Hölle reichte nicht. Aus der Kirche austreten und eine evangelische Frau heiraten verdoppelte die ewige Strafe, stellte ich mir als Kind vor. Josef begann zu sündigen, als er sich in eine evangelische Frau verliebte und sie dann in einer evangelischen Kirche heiratete. Einmal bekam ich am Kaffeetisch mit, wie das Paar von seiner Trauung erzählte. Zunächst suchte es einen katholischen Pfarrer, der die beiden ohne religiöse Umerziehung von Wilhelmine getraut hätte. Aber alle Pastöre winkten ab, die Frau müsse erst katholisch werden. Dazu hatte sie keine Lust, und schließlich platzte Onkel Josef der Kragen. Er trat aus der Kirche seiner Mutter aus und nie wieder in sie ein. Voller Sorge um das ewige Heil ihres Sohnes betete meine Großmutter einen Rosenkranz nach dem anderen. Wahrscheinlich beichtete sie fleißig ihr angebliches Versäumnis als Mutter.

Ich mochte Onkel Josef mit seinem buschigen Schnurrbart. Seine Körperfülle wirkte auf mich eher gemütlich als provozierend, während Tante Wilhelmine schon einmal hinter ihren lächelnden Augen wider den Stachel löcken konnte. Tochter Susi, zwei Jahre älter als ich, tollte mit mir herum, ohne dass mir ihre andere Konfession auffiel. Darüber sprach sie nicht, und ich war zu jung, um so ein Thema anzuschneiden. Sie ging zur Konfirmation, wie ich beiläufig mitbekam. Darüber raunte unsere katholische Familie geheimnisvoll. Ich hörte das Wort, doch konnte ich mir darunter nichts vorstellen. Für mich kam Konfirmation nie in Frage, ich war schon zur ersten heiligen Kommunion gegangen, so wie es sich meine Oma vorgestellt hatte. Am Tag der Konfirmation meiner Cousine zogen wir nachmittags mit Oma zum Bahnhof, um pünktlich den angesagten Kaffeeklatsch zu erreichen. Zum Gottesdienst in der evangelischen Kirche hatte man uns Katholiken erst gar nicht eingeladen. Meine Großmutter hätte ihn auch nicht besucht. Um des lieben Friedens willen wurde darüber geschwiegen. So verging die Konfirmation ohne Aufregung, und meine Erstkommunion war genauso stressfrei verlaufen. Es war weder Aufklärung noch Toleranz, die in unserer Familie praktiziert wurden. Wir wollten unsere Ruhe haben. Selbst Oma fühlte sich unberufen, die Evangelischen zum rechten Glauben zu bekehren. Sie überließ der Gottesmutter Maria die Mission. Aber trotz vieler Rosenkränze passierte nichts. Tante Wilhelmine und ihre Tochter bewahrten sich ihren evangelischen Glauben, Onkel Josef behauptete sich als Ausgetretener, ohne von uns Katholiken als Heide oder Atheist gemieden zu werden.

Wir gingen weiter Sonntag für Sonntag in die Messe. Ökumenisch blieb ich lange ein Unwissender und Uninteressierter. Ich war katholisch, und das schien gottgegeben zu sein. Eine evangelische Kirche lag sowieso weit entfernt von uns, und in der Volksschule erklärte der Herr Kaplan in seinem steifen Kragen den Katechismus. Wir Knirpse hatten ihn auswendig zu lernen. So paukte ich, dass wir auf Erden sind, um Gott zu erkennen, ihn zu lieben, ihm zu dienen und einst ewig bei ihm zu leben. Dabei war für mich klar, nur Katholiken dienen Gott. Für mich sah es so aus, als ob alle Welt, ja sogar Gott katholisch seien. Evangelisch wie die wenigen Ausnahmen in der Familie konnte er nicht sein. Sie bestätigten nur die Regel.

Karfreitag ohne Ökumene

In meiner Kindheit ließ es sich am Karfreitag wunderbar shoppen. Zwar behaupteten meine Eltern, dass er der höchste evangelische Feiertag sei, doch ich konnte mir darunter nichts vorstellen. Wir Katholiken aus Aachen fuhren dann ins protestantische Holland, um einzukaufen. Trotz Karfreitag öffneten die Protestanten dort ihre Geschäfte.

Schon am Morgen stand unser grauer Käfer bereit. Vorher holten wir meine Oma und meine Tante ab, die mit zum Einkaufen fuhren. Ich musste mich zu ihnen auf die Rückbank zwängen. Eine Anschnallpflicht war unbekannt. Meine Mutter hatte vor der Fahrt angekündigt: „Albert, du brauchst einen neuen Anzug!" Innerlich wehrte ich mich gegen den Tagesbefehl. Denn in einer fremden Sprache einzukaufen machte mich nervös. Kleidung war in Holland billiger als in Deutschland. Irgendwie kam ich mir vor, als ob ich auf ein Almosen wartete. In der Kinderwarenabteilung wurden einige Jungen von den Verkäuferinnen in die Umkleidekabinen hineingeschoben, während ihre Mütter weiter im Angebot wühlten. Auch ich wurde Kabinenopfer. Um möglichst schnell wieder an die frische Luft zu kommen, lobte ich die anprobierten Teile in den höchsten Tönen. Der Trick verfing nicht, meine Mutter fing wieder von vorne an. Schon wurde die nächste Hose in die Kabine gereicht. Diesmal passte alles. „Nun lauf einmal. Ich will sehen, ob sie im Schritt nicht zu eng ist!" Ich lief auf und ab, hin und her, ein wenig ungehalten. Die Verkäuferin schmunzelte. Sie wusste, wie schwer es war, Jungens einzukleiden. Meine Oma sprach die Zauberworte. „Er sitzt hervorragend. Und das Braun.

Es gibt nichts Besseres." Meine Mutter nickte, was den Kauf bedeutete.

Aber nun begann erst meine Karfreitagsgeschichte. Ich musste zurück in die Kabine. Eine Verkäuferin kam mit einer Schere und entfernte vorsichtig alle Preisschilder. Der neue Anzug wurde staatenlos gemacht. Als Staatenloser sollte er die Grenze überqueren. Dann brauchte er nicht verzollt zu werden. Meine Mutter hatte bezahlt und kam mit einer Tüte zurück. In ihr lagen der Pullover und die Hose, die ich auf der Hinfahrt angehabt hatte. Dagegen klebte der neue Anzug an mir. „Wie elegant mein Junge wieder aussieht." In dem Moment war Eleganz für mich kein Stichwort, da ich die Heimreise fürchtete. Langsam schlich ich mich zu unserem Volkswagen. Die drei Frauen plauderten angeregt über den schönen Tag. Mein Vater hatte die alten Sachen wie Putzlappen im Kofferraum drapiert. Dann zwängte sich meine Oma mit ihrer Tochter wieder auf den Rücksitz. Ich kletterte über ihre Beine, bis ich meine Position erobert hatte. Die Kirchenuhr gegenüber zeigte genau 15 Uhr, als mein Vater den Motor anließ. Er sprang sofort an. Der Käfer rollte langsam. Ängstlich schwieg ich. Rund zehn Kilometer vor der deutschen Grenze fing ich an zu schwitzen und blickte auf die frische Bügelfalte. Sie wird dem Zöllner auffallen. Fünf Kilometer vor der Grenze begann mein Vater uns die letzten Hinweise zu geben. Alle mussten wir den Kopf schütteln, sobald die entscheidende Frage kam: Haben Sie etwas zu verzollen? „Nein, wo denken Sie hin." So haben wir im Stau vor der Grenze das Lügen eingeübt. Dem Blick der ersten uniformierten Männer wich ich aus. Meine Oma und meine Tante erzählten lustig weiter, obwohl es für mich gar nicht lustig war. Noch zwei Autos, dann standen wir vor dem Zöllner. Er sah in den Wagen, blickte in das faltige Gesicht meiner Großmutter, lächelte sie an und winkte uns. Wir durften weiterfahren. Mich in meinem neuen Anzug übersah er. Erleichtert starrte ich zurück. Er lächelte weiter. Wir waren in Deutschland, wir hatten gewonnen.

Als wir an der ersten Kirche vorbeifuhren, kamen die Menschen aus dem katholischen Karfreitagsgottesdienst. Der evangelische hatte sicher morgens um 10 Uhr stattgefunden. Aber weder Katholiken noch Protestanten ahnten etwas von meinem Schmuggel. Bald war für alle Ostern. Ich gebe zu, dass diese Einkaufsaktion weder für mein Verständnis des Karfreitags noch für ein Kennenlernen des Protestantismus förderlich war.

Mein Theologiestudium ohne Ökumene

„Hätte, hätte … Fahrradkette!" Betrübt stellt der Mensch im Alter fest, was er alles als Student hätte lernen sollen. Meine Zeit an der Uni jedoch war eine ökumenefreie Zone.

Das, was die evangelische Kirche ausmacht, lernte ich nicht kennen. Ich habe fleißig in meiner Fakultät die Vorlesungen und Seminare besucht, ohne mich um andere Kirchen zu kümmern. Martin Luther kam in meinem Studium vor, aber er hatte nach wie vor das Image eines Störenfrieds. Zwar bemühten sich einige Professoren, ihn aus der Ecke des Bösewichtes herauszuholen, er blieb damals für mich jedoch ein zorniger Kauz, der vor allen Dingen seinen Papst kritisierte. Seine bekannte Bibelübersetzung schätzten mehr die Germanisten als die katholischen Theologen. Dennoch hatte sich unbemerkt eine vorsichtige Öffnung zur evangelischen Theologie angebahnt. Besonders unsere Bibelwissenschaftler bemühten sich, den Anschluss nicht zu verpassen. Unser Neutestamentler strengte sich an, die Erkenntnisse der evangelischen Exegese in sein Fachgebiet einzuarbeiten, soweit es das katholische Lehramt erlaubte. Er machte es vorsichtig und behutsam. Trotzdem stieß der biedere Kirchenmann immer wieder an Grenzen, die er im Gehorsam und mit Demut respektierte. Er überspielte sie, weil er keinen Konflikt mit seinem Bischof riskieren wollte. Ihm war wichtig, dass die Bibel in erzählten Geschichten verkündige. Die Geschichten seien nur der Rahmen für eine theologische Wahrheit, die entscheidend ist. Von seiner Vorlesung habe ich viel behalten und viel profitiert. Heute weiß ich, dass sie Frucht evangelischer Exegese war. Damals war es mir nicht klar, und ich hatte eher den Eindruck einer rein katholischen Bibelwissenschaft. Denn wenn der Name eines berühmten evangelischen Exegeten fiel, geriet mein Professor in Rage. Mit hochrotem Kopf verdammte er das, was Rudolf Bultmann über die Bibel lehrte. Dessen Bibelauslegung mache angeblich Jesus Christus zu einer Gestalt jenseits der Geschichte. Die Konfrontation war spannend, aber leider kam ich nie auf die Idee, mir die evangelischen Professoren im Originalton anzuhören.

An einen Theologenstreit in der Fakultät erinnere ich mich genau. Er war gleichzeitig für mich eine erste ökumenische Aktion, obwohl er als wissenschaftliche Auseinandersetzung angekündigt war. Ein damals sehr bekannter evangelischer Neutestamentler leugnete nach katholischer Auffassung die Auferstehung Jesu Christi. Für ihn war sie nur die Interpretation einer persönlichen Erfahrung der Jünger. Für sie sei die Sache Jesu nach Karfreitag weitergegangen. Jesus sei in ihrem Herzen und in ihrem Gespräch geblieben. Darüber hätten sie gepredigt, und deshalb lebe er nach seinem Tod weiter. Er sei in die Verkündigung auferstanden. Da ich erst im Grundstudium war, verstand ich nicht viel davon. Ich merkte nur, wie sich die älteren Semester intensiv mit den Thesen jenes Theologen auseinandersetzten. Eines Tages kündigte meine Fakultät eine öffentliche Diskussion mit ihm an. Seine Thesen sollten vor allen Dingen von einem kompetenten katholischen Exegeten widerlegt werden. Dazu wurde eigens ein bekannter Professor aus Süddeutschland eingeladen, der als anerkannter Fachmann für das Neue Testament galt. Schon Wochen vorher redeten die Studenten über die katholische oder evangelische Auferstehung in unserem Konvikt. An dem Abend öffnete das sonst verschlossene Haus seine Pforten, damit möglichst viele an dem Disput teilnehmen konnten. Sie trafen im größten Hörsaal auf die Kandidatinnen und Kandidaten für das evangelische Pfarramt, ohne dass sich ein näherer Kontakt ergab. Zusätzlich strömten Menschen aus der Stadt in die Uni, und viele mussten stehen. Nach der Begrüßung durch den Dekan referierte der evangelische Professor brillant, kein Wort zu viel oder zu wenig. Wie bei einem preußischen Beamten saßen Anzug, Hemd und Krawatte korrekt. Ihm gelang es, seinen Stoff an die Frau und an den Mann zu bringen. Ich hörte ihm gerne zu. Dann trat sein katholischer Kollege auf, der sein Fachwissen durch viele Veröffentlichungen bewiesen hatte. Er wirkte ein wenig zerfahren und zerstreut, als er auf die steilen Thesen seines Vorredners einging. Zusätzlich hemmte mich sein badischer Dialekt, ihm zuzuhören. Lebhaft habe ich noch vor Augen, wie der Herr Professor aus Nervosität beständig an seinen Hosenträgern zog und sie dann zurückschnellen ließ. Selbst der evangelische Kontrahent schaute irritiert. Die ununterbrochene Bewegung störte mich, so dass ich mehr mit den Hosenträgern als mit den Argumenten beschäftigt war. Es war schade, dass Äußerlichkeiten so ablenkten und im Gedächtnis blieben. Was eigentlich zu behalten gewesen wäre, habe ich vergessen. Auf jeden Fall glaubte ich weiter an die Auferstehung. Insofern hatte meine erste Begegnung mit evangelischer Theologie Erfolg. Einen nachhaltigen Eindruck impfte uns der evangelische Professor ein. Ein Weiterkommen in der Bibelforschung sei nur von der evangelischen Exegese zu erwarten. Damals stimmte es, die bekanntesten Bibelwissenschaftler waren evangelische Theologen. An ihren Kommentaren kamen wir Studenten nicht vorbei. Sie stehen heute noch in meinem Regal. Aber unabhängig davon hätte ich mehr von der evangelischen Kirche lernen können als nur ein paar Namen.

Eine Ökumene in der Theologie habe ich damals nicht erlebt. Ich vermisste sie auch nicht, weil Ökumene für mich doch noch ein Fremdwort war. Über die orthodoxen Kirchen haben wir überhaupt nie geredet. Dabei hätten wir Theologiestudenten Zeit und Gelegenheit gehabt, unseren Horizont ökumenisch zu weiten.

„Die Heiden von Kummerow"

Man glaubt es kaum, aber ich habe erst am Ende meines Studiums einen evangelischen Pfarrer bewusst wahrgenommen. Bis dahin blieb ein evangelischer Pfarrer für mich ein unbekanntes Wesen. Es fehlte mir außerdem die Neugier, die zum Kennenlernen notwendig gewesen wäre. Was sollte ich in einem evangelischen Gottesdienst? Mein Bedarf an Frömmigkeit wurde katholisch abgedeckt. Es bedurfte eines komischen Zufalls, um mir ökumenisch auf die Sprünge zu helfen.

Ich stand mitten in meiner Diplom-Prüfung und wollte ein wenig abschalten. Deshalb ging ich ins Kino, um mir einen Film anzuschauen: „Die Heiden von Kummerow und ihre Streiche". Er erzählte von aufmüpfigen Dorfkindern, die dem Pastor und dem Lehrer einen Streich nach dem anderen spielten. Jedes Mal, wenn ich an Ökumene denke, drängt sich bei mir eine Szene auf.

Der evangelische Dorfpastor, der auch sein eigener Landwirt ist, pflügt sein Feld in drückender Sommerhitze. Immer wieder wischt er sich den Schweiß von der Stirn. Ackergäule mühen sich mit dem Pflug durch den ausgetrockneten Boden. Zwei Jungen laufen zu ihm hin und berichten, dass im Dorf eine uralte Frau im Sterben liege. Sie bitten, der Pastor solle ihr den heiligen Wein bringen. Deshalb habe die Pfarrfrau ihnen einen Karton mit den heiligen Geräten und dem Talar gegeben. Der Pastor ist skeptisch und will sich vor einem neuen Streich schützen. Auch weiß er nicht, ob sich das Wetter hält, um später weiterpflügen zu können. Doch der Seelsorger in ihm siegt. Er holt aus dem Karton eine kleine Flasche heraus und riecht daran. Es ist tatsächlich Wein. Die Bengel legen ihn nicht herein. Dann schnappt er sich seinen Talar und sein Beffchen. Mitten auf dem Feld zieht er sich um. Schnell wird aus dem schwitzenden Bauern ein Hochwürden mit dreckigen Stiefeln. Unter den Arm klemmt er sich Brot und Wein. Mit schwarzem Talar und mit weißen Beffchen stapft er los.

Rund fünfzig Jahre später erinnere ich mich an die unbedeutende Szene, die weder künstlerisch herausragte noch den Schlüssel zum Verständnis des Films lieferte. Sie passte sich einfach der Gattung eines arglosen Lustspiels an. Wahrscheinlich hat mich der evangelische Pfarrer beeindruckt, da ich noch nie einem leibhaftig begegnet war. So sehen sie also aus, war der erste Gedanke. Sie tragen keine bunten Messgewänder wie die Katholiken, aber ganz ohne Verkleidung gehen sie auch nicht zu einer Amtshandlung. Überhaupt wunderte ich mich über ihren Dienst an einer Sterbenden. Die Wegzehrung zur Stärkung auf dem letzten Weg ist doch typisch katholisch, Sterbesakramente sind nach Martin Luther gestorben, dachte ich. Ich staune nach wie vor, wie mich ein unbedarfter Film mit evangelischer Kirche konfrontierte. Dabei hätte ich mich als Theologiestudent doch intensiv mit der evangelischen Theologie beschäftigen können. Der Pastor in Talar und mit Beffchen war für mich eine Erscheinung aus einer anderen religiösen Welt, die ich von zu Hause nicht kannte. Der Dorfpfarrer von Kummerow war mir sympathisch. Er tat genau das, was meiner Meinung nach ein Pastor zu tun hat. Sterbende zu begleiten gehört zum selbstverständlichen Dienst eines Seelsorgers.

Immerhin wusste ich nach dem Film, wie ein evangelischer Pfarrer aussah, obwohl ich nie mehr einen in dreckigen Stiefeln gesehen habe. Dafür musste ich erst 25 Jahre alt werden.

Ökumenische Praxis

Der erste ökumenische Gottesdienst

Auf meiner ersten Kaplanstelle kam ich zu einem Pfarrer, der schlecht sah und eine Hornbrille mit dicken Gläsern trug. Im Dienstgespräch zog er sie ab und spielte nervös mit den Bügeln. „Herr Kaaplaan" – er dehnte das ‚a' unnatürlich, vielleicht um mir die Angst vor dem Chef zu nehmen –, „die evangelische Gemeinde hat zu einem ersten ökumenischen Gottesdienst geladen." Neugierig fragte ich nach. Ökumenische Gottesdienste waren in jener Zeit fast unbekannt. Mein Chef redete weiter. „Also, Herr Kaaplaan, am nächsten Samstag bittet uns Pfarrer Dr. Angelo zu einem gemeinsamen Gottesdienst in seine Kirche." Innerlich schmunzelte ich, weil der evangelische Pfarrer vom Namen her ein Engel war. „Angelo, ein Italiener?" „Ich verstehe Ihre Frage. Ja, er ist ein hochgebildeter Theologe, der an einer päpstlichen Universität promoviert hat." „Päpstlich?", stutzte ich. „Er war früher katholischer Priester. Dann heiratete er, konvertierte und das Presbyterium der Paul-Gerhard-Kirche hat ihn zum Pfarrer gewählt. Im Grunde ist Angelo einer von uns, Herr Kaaplaan." Mein Pfarrer meinte, einen Witz gemacht zu haben. Als junger Kaplan, der gerade das Zölibatsversprechen abgelegt hatte, fand ich den Kalauer ärgerlich. Dennoch schwieg ich. „Muss ich einen Dienst übernehmen?", fragte ich vorsichtig. „Sie haben als Neuling nur dabei zu sein." „Bei uns fällt dann die Beichtgelegenheit aus", gab ich zu bedenken, vielleicht wollte ich mich doch noch vor der Teilnahme drücken. „Na und. Ökumene ist jetzt wichtiger. In vierzehn Tagen dürfen die Sünder wieder beichten." Es überraschte mich, wie mein alter Pfarrer die Ökumene höher als das Bußsakrament einschätzte. Dieses

Mal widersprach ich nicht. „Also, am Samstag gehen wir um halb drei von hier los.“ „Muss ich etwas anziehen?“ „Sie sind hoffentlich angezogen“, scherzte mein Pastor. „Spaß beiseite, nehmen Sie das Katholikengedeck: Talar, Rochett und weiße Stola.“ Der Pfarrer stand auf und zog die Brille wieder an. Das Dienstgespräch war beendet.

Am nächsten Samstag wartete ich pünktlich vor dem Pfarrhaus. Über meinem Arm hingen mein Talar, mein Rochett und meine weiße Stola. Sie waren noch von der Primiz warm. Auf dem Weg zur Paul-Gerhard-Kirche sahen wir viele Katholiken, die zur evangelischen Kirche strömten, um den ersten ökumenischen Gottesdienst mitzufeiern. „Herr Kaaplaan, die fehlen alle morgen in der Sonntagsmesse.“ Darüber diskutierten wir jetzt nicht. Sofort steuerten wir die kleine Sakristei an. Kaum hatten wir die Tür hinter uns geschlossen, begrüßte uns ein schlanker, schwarzhaariger Mann mit kantigen Zügen. Vielleicht ein wenig gekünstelt, wandte sich Dr. Angelo meinem Pfarrer zu. Von mir nahm er keine Notiz. Ich stand wie abgestellt in der Ecke. Wahrscheinlich war ich ihm zu jung oder der ökumenische Kontakt funktionierte nur von Pfarrer zu Pfarrer. Er überging mich, obwohl er nicht an mir vorbeischauen konnte. Deshalb hatte ich Zeit, seine Mimik und seine Gestik zu beobachten. Sie waren distanzierter als bei den katholischen Mitbrüdern. Ein bekannter Hausarzt aus dem Viertel stürmte wortlos in die Sakristei und holte den Klingelbeutel. „Liebe katholische Brüder!“, die Anrede von Pfarrer Angelo wirkte aufgesetzt. „Kommt, ziehen Sie sich um!“ Weil es keinen Ankleidetisch gab, zeigte er auf eine Ecke. Dort warfen wir uns in die katholische Schale. Auch Dr. Angelo zog seinen schwarzen Talar an. Die weiten Ärmel und die langen Falten ließen tatsächlich an die Amtstracht eines Richters denken. Auf jeden Fall war es kein Umhang eines Hirten. Breitbeinig baute sich Angelo vor uns auf. Aus seiner Aktentasche holte er das gestärkte Beffchen, das er elegant unter den schmalen Halskragen schob. Diensteifrig half ihm die Küsterin dabei. Die zwei weißen Flügelchen, die ein wenig auseinanderstanden, wirkten wie ein Röckchen aus der Puppenstube. Schwarz, so sah ich zum ersten Mal leibhaftig einen Amtsträger aus der evangelischen Kirche. Da Pfarrer Angelo stattlich gebaut war, wirkte er mehr wie ein Oberkirchenrat als wie ein Engel. Vereinzelte graue Haare, die seine Kopfhaut durchschimmern ließen, verstärkten den Eindruck. Seine schwarzen Lederschuhe glänzten poliert, es waren keine dreckigen Stiefel wie in Kummerow. In dem engen Raum wirkte alles so steril, so akademisch. „Ich erkläre Ihnen den Ablauf. Wir ziehen gemeinsam in die Kirche, halten kurz vor dem Kreuz und setzen uns dann in die erste Reihe." Mit seinem langen Zeigefinger wies er uns ein. Sein Ehering fiel mir besonders auf. Das Orgelspiel gab das Startsignal. Bis auf die Bank für die Geistlichkeit war jeder Platz besetzt. Ohne Funktion blieb ich dort die ganze Zeit über sitzen. Plötzlich wies Dr. Angelo die Gemeinde an aufzustehen. Folgsam erhob ich mich. Mit allen betete ich das vertraute Vaterunser. Nur am Schluss war mir der Zusatz fremd. Dennoch denke ich bis heute oft an das erste gemeinsame Vaterunser. Irgendwie spürte ich einen Hauch von Einheit, und zum ersten Mal erfuhr ich die Kraft eines gemeinsamen Gebetes von Katholiken und Protestanten. Das Gefühl lässt sich nicht beschreiben, sondern nur beim Beten erfahren.

Vielleicht löste das eine unvergessliche Vaterunser mein ökumenisches Interesse aus. Hinter das gemeinsame Gebet konnte ich nicht mehr zurück. Eines erkannte ich an dem Nachmittag in der Paul-Gerhard-Kirche. Evangelische und katholische Christen finden im Vaterunser die Einheit im Herzen.

Erste Ökumenische Einsicht

Für einen jungen Kaplan war es Pflicht, sich von einem erfahrenen Priester in die Seelsorge einführen zu lassen. So fuhr ich oft zu meinem geistlichen Begleiter, um mit ihm die Klippen zu entdecken und zu überwinden. Es tat meiner Seele gut, mit ihm über meine ersten Erfahrungen zu sprechen. Neben seinem Zuhören schätzte ich an ihm, dass er gleichzeitig Künstler* war. In ihm verbanden sich Glaube und Kunst. Bei jedem Gespräch diskutierte ich mit ihm über seine neuen Arbeiten.

Eines Tages holte er aus seinem Atelier eine Mappe mit vielen Zeichnungen heraus. „Du bist doch in der Nähe von Roermond Kaplan. Besuche dort unbedingt den Friedhof." Ich war zu jung, um Friedhöfe interessant zu finden. Es reichte mir, meine Beerdigungen zu schaffen. „Schau dir einmal meine Studien zu einem Grab auf dem Friedhof an." Ich sah zwei Arme, die sich über eine hohe Mauer hinweg die Hände reichen. Feingliedrig bewegen sich die Finger aufeinander zu. Von Blatt zu Blatt werden die Zeichnungen düsterer, bis die Mauer zum Westwall wird und die Arme sich in Gewehre verwandeln. Der Priester ließ mich mit seinen Bildern allein, um eine Tasse Kaffee zu holen. „Du musst dahin fahren." Ein paar Tage später stand ich auf dem Friedhof vor der Mauer.

In der durch und durch katholischen Grenzstadt Roermond versah vor mehr als hundert Jahren ein streng reformierter Besatzungsoffizier seinen Dienst. Er stammte aus dem Norden Hollands. Die Bürgerinnen und Bürger

* Herbert Falken, „Studien zum Grabmal von Roermond", in: Zeichnungen 1971–1981.

Roermonds wehrten sich heftig gegen die protestantische Herrschaft, und für die Reformierten galt jeder Katholik als Vaterlandsverräter. Als ein neuer Friedhof angelegt werden musste, sollten hohe Mauern die katholischen und evangelischen Grabfelder trennen. Katholiken und Protestanten blieben jeweils unter sich und fanden ihre Ruhe. Kein Toter könnte die Friedhofsmauer überklettern. Auch die Lebenden waren geschützt. Der Protestant ging zu den Gräbern seiner Familie, ohne einem Katholiken zu begegnen.

In der aufgeheizten Stimmung zwischen den Konfessionen tat jener Oberst van Gorkum das, was sein König erwartete. Wie nun das Schicksal es wollte, traf er das junge Freifräulein van Afferden. Sie war hoch und schlank gewachsen. Ihre Gesichtszüge waren zart gezeichnet. Als Adlige hatte sie sich gebildet und eignete sich vorzüglich als Offiziersgattin. Nur einen Fehler hatte sie, sie war katholisch. Die schöne Katholikin und der strenge Protestant verliebten sich. Liebe hatten die beiden Konfessionen in ihren Gesetzen übersehen. Die heimlich Liebenden wussten nur eines: Ihre Liebe zu ignorieren wäre der größte Fehler ihres Lebens gewesen. Nach langem Hin und Her gaben sie sich endlich ihr Jawort. Es hielt bis zum Tod, letztlich weit darüber hinaus. Sollte der Oberst sterben, gehörte er auf den protestantischen Friedhof. Dorthin würde ihm seine Witwe nie folgen dürfen. Als Katholikin würde sie nach ihrem Tod auf dem katholischen Friedhof beerdigt. Doch das Ehepaar hatte vorgesorgt. Die beiden Liebenden reservierten sich zwei Gräber, die jeweils direkt an der Mauer zwischen katholischem und evangelischem Kirchhof lagen. Der Oberst seiner niederländischen Majestät starb und wurde beerdigt. Mit dem

Kopf bettete man den Leichnam unmittelbar an die Mauer des Friedhofs. Acht Jahre später folgte ihm seine Gattin. Wie verabredet ruht sie genau auf der anderen Seite im katholischen Teil, also Kopf an Kopf mit ihrem Gatten. Die van Gorkums fanden einen Weg, im Tod beieinanderzubleiben. Ihre Grabsteine, die höher als die Friedhofsmauer sind, wurden zum Symbol. Oberhalb der Mauerkante ragen zwei Arme heraus, deren Hände sich fest umklammern. Der steinerne Händedruck baut die Brücke der Liebe über die Konfessionsgrenze hinweg, und er übergeht das Kirchengesetz. Frau und Mann retteten ihre Liebe in die Ewigkeit.

Offenbarte schon die Ehe der beiden den Skandal der Kirchentrennung, ihre Gräber provozieren ihn bis heute. Wie erzählt wird, lebten die van Gorkums glücklich zusammen. Wen der Tod nicht trennt, den trennen auch die Kirchen nicht, selbst wenn sie noch so hohe Mauern bauen. Es klingt banal, doch auch banale Wahrheiten sind wahr. Ich wage zu behaupten: Würden die Kirchen mehr lieben, dann dürften alle Mauern abgerissen werden.

Die Mahnung des Grabmals van Gorkum hat der Künstler neu gezeichnet und gedeutet. Er brauchte mir nichts mehr zu erklären. Sturheit, verbissene Aus- und Abgrenzung waren seine Themen. Auf dem letzten Blatt der Studien schrieb er: „Das Grabmal von Roermond steht für alle sichtbaren und unsichtbaren Mauern zwischen den Menschen.“

Überall Liebe

Kann ich im Herzen heiße Wünsche tragen?
Dabei des Lebens Blütenkränze sehn,
Und unbekränzt daran vorüber gehen
Und muß ich trauernd nicht in mir verzagen?

Soll frevelnd ich dem liebsten Wunsch entsagen?
Soll mutig ich zum Schattenreiche gehn?
Und um andre Freuden andre Götter flehn?
Nach neuen Wonnen bei den Toten fragen?

Ich stieg hinab, doch auch in Plutons Reichen,
Im Schoß der Nächte, brennt der Liebe Glut
Daß sehnend Schatten sich zu Schatten neigen.

Verloren ist wen Liebe nicht beglücket,
Und stieg er auch hinab zur stygschen Flut,
Im Glanz der Himmel blieb er unentzücket.

Karoline von Günderrode

Der zweite ökumenische Gottesdienst

Vor vierzig Jahren schickte mich der Bischof in eine kleine Dorfgemeinde mitten in der Eifel. Zentral im Ort lag die Pfarrkirche mit einer stolzen Geschichte. Weit entfernt auf einer Anhöhe war ein evangelisches Gemeindezentrum gebaut worden, klein und bescheiden, jedoch mit einem Glockentürmchen. Was braucht es eine evangelische Kirche, meinte ich in jugendlichem Leichtsinn, hier leben doch nur Katholiken. Ich lag mit meiner Meinung falsch, denn nach dem Krieg waren viele evangelische Flüchtlinge in die katholische Eifel zugezogen, und sie verlangten nach Seelsorge. Dem Wunsch kam ein evangelischer Pfarrer nach, der ein ehemaliger Missionar war. Er glich eher einem Handlungsreisenden als einem alten Pfarrherrn. Dürr, schmallippig, mit einem rötlichen Wuschelkopf zog er fröhlich über Land von Ort zu Ort.

Am Buß- und Bettag lud er zu einem ökumenischen Gottesdienst in sein Kirchlein ein. Dort sollte dann der katholische Mitbruder predigen. Zunächst wehrte ich innerlich ab: „Ich bin doch viel zu jung und habe kaum Predigtpraxis. Außerdem habe ich bisher nie in einer evangelischen Kirche gepredigt." Es gab auch keine Vorlagen. Dafür waren ökumenische Gottesdienste zu neu und zu selten. Meine Gefühle zählten nicht. „Immer ist es das erste Mal", ermunterte mich der evangelische Kollege. Aber der Spruch entmutigte mich eher. Selbstverständlich lud ich die katholischen Gemeindemitglieder ein, den Gottesdienst zu besuchen. Auf keinen Fall könne er schaden, Büßen und Beten wären ein sinnvolles gemeinsames Thema. Hoffentlich würde es an dem Tag nicht schneien. Schneeverwehungen im November auf den Eifelhöhen sind nämlich für Autofahrer und Fußgänger tückisch.

Der evangelische Bruder hatte mir ohne Erläuterung die Bibelstelle vorgegeben. Wochen vor dem Gottesdienst schlug ich sie auf. In meiner Unsicherheit wollte ich wissen, was auf mich zukam. Wahrscheinlich werde ich ein langes Gesicht gezogen haben. Es war ein Stück aus der Bergpredigt. Weshalb der Pfarrer die Stelle gewählt hatte, blieb sein Geheimnis. Trotz meiner Angst war ich zu stolz, um nachzufragen. Aus ökumenischem Entgegenkommen stellte ich mich dem sperrigen Text und bereitete mich sorgfältig vor. Langsam las ich mir die Perikope laut vor, um die Heilige Schrift im Ohr zu haben. Anschließend schlug ich einen Kommentar auf, doch er brachte mir keine neue Erkenntnis. Ich merkte, die Vorbereitung würde einige Zeit in Anspruch nehmen. Ein Wort fiel mir besonders ins Auge. „Tut!" In der Bergpredigt geht es darum, den Willen des Vaters zu tun und nicht nur darüber zu reden. Selbstverständlich ist es eine Aufgabe der Kirchen, Gottes Willen umzusetzen. Auch Ökumene muss getan werden. Aus der Idee formulierte ich mein Predigtziel: Ich bitte meine Hörerinnen und Hörer, dass wir Kirchen der Tat werden. Im Grunde war es ein schlichter Zielsatz, der jedoch die gemeinsame Aufgabe der Kirchen in den Blick nahm. Mehrmals predigte ich meinen Stichwortzettel für mich alleine durch. Mehr konnte ich vorher nicht tun. Als ich den Berg zur evangelischen Kirche hochstieg, wunderte ich mich über die vielen bekannten Gesichter. Sie ahnten nicht, wie mir zumute war. Es hatte nicht geschneit, und das Kirchlein war voll. Der gute Besuch vergrößerte meine Angst. Schließlich fand heute meine ökumenische Primiz statt. Einige

Stufen führten auf die Kanzel. Der evangelische Bruder ermunterte mich. „Jetzt bist du dran. Los, hinauf!" Zaghaft stieg ich hoch und ordnete auf der Ablage meine Stichwortzettel. Dann blickte ich stumm in die Zuhörerschaft, die gespannt meine Predigt erwartete. Ohne den in der evangelischen Liturgie üblichen Kanzelgruß begann ich. „Liebe Christinnen und Christen", kurz verschlug es mir die Sprache, aber dann ging es weiter. Die Worte kamen zur rechten Zeit. Während der Predigt sah ich nur den Rotschopf des evangelischen Kollegen. Aber er schien mir zuzulächeln. Jedenfalls machte er mir Mut.

Als das Amen verklungen war, setzte ich mich schnell wieder in die Bank, befreit von der schweren Last des ersten Mals. Ohne den Faden zu verlieren, war ich durchgekommen. Jetzt zählten keine theologischen Details mehr, wichtig war für mich nur, in einer evangelischen Kirche gepredigt zu haben. Der Mitbruder nickte mir zu, so als ob er sagen wollte: Siehst du, es geht doch. Draußen sprachen mich die evangelischen Zuhörerinnen und Zuhörer an. Das war neu für mich. Eine ältere Frau hielt mich am Arm fest. „Danke, dass Sie als Katholik bei uns gepredigt haben. Ich bin in Ostpreußen geboren und sehe es genauso wie Sie. Wir müssen ökumenischer werden!" Ihre Augen glänzten. Andere zitierten ganze Sätze, und viele bedankten sich für meine Predigt. Wahrscheinlich liefen meine Ohren bei den Reaktionen rot an. Solch eine Aufmerksamkeit ließ Ängste und Sorgen des Anfangs vergessen. Das „Vergelt's Gott" der evangelischen Christinnen und Christen nachher auf dem Kirchplatz hat lange in mir nachgewirkt. Seitdem bin ich ökumenisch engagiert und zu jeder Predigt in einer evangelischen Kirche bereit. Dank vermisse ich in meiner katholischen Kirche.

In der Nacht fing es an zu schneien, und der Schneepflug konnte kaum die Straßen und Bürgersteige freihalten.

Drei Kirchen – ein Credo?

„Hütet euch vor den falschen Propheten; sie kommen zu euch in Schafskleidern, im Inneren sind sie aber reißende Wölfe. An ihren Früchten werdet ihr sie erkennen. Erntet man etwa von Dornen Trauben oder von Disteln Feigen? Jeder gute Baum bringt gute Früchte hervor, ein schlechter Baum aber schlechte. Ein guter Baum kann keine schlechten Früchte hervorbringen und ein schlechter Baum keine guten. Jeder Baum, der keine guten Früchte hervorbringt, wird umgehauen und ins Feuer geworfen. An ihren Früchten also werdet ihr sie erkennen. Nicht jeder, der zu mir sagt: Herr! Herr! wird in das Himmelreich kommen, sondern wer den Willen meines Vaters im Himmel tut“ (Mt 7,15–21).

Ich erzähle Ihnen einen Traum. Der liebe Gott hatte beobachtet, wie seine verschiedenen Kirchen wieder zur Einheit finden wollten. Obwohl allwissend, hatte er sich nie denken können, dass sich seine Kirchen einmal blutig bekämpfen würden. Deshalb hoffte er auf die Einheit der Kirchen. Doch die Berichte von der Erde entmutigten ihn. Er hörte zwar von den Sitzungen gelehrter Theologinnen und Theologen, aber er entdeckte keine tatsächlichen Fortschritte. Das schmerzte den lieben Gott. Denn er spürte, wie die vielen Kirchen den einen Glauben an seinen Sohn verdunkelten. Traurig lud er die ökumenische Himmelskommission ein. Die himmlischen Kirchenvertreter müssten doch offener sein als die irdischen, meinte er. Am runden Himmelstisch diskutierten ein Oberkirchenrat, ein Monsignore und ein Pope. Für den Himmel war es ein düsteres Bild: der Oberkirchenrat in seinem Talar und Beffchen, der Monsignore in seiner Soutane mit einer violetten Schärpe und der Pope in seinem schwarzen Umhang mit einem langen Bart. Der liebe Gott eröffnete die Sitzung und bat die Herren, in alphabetischer Reihenfolge ihren Standpunkt darzulegen. Der Monsignore begann weit auszuholen. ‚Du weißt, lieber Gott, worüber wir uns immer beklagen. Der evangelischen Kirche fehlen die Sakramente. Die katholische Kirche ist die Kirche des Sakramentes. Wir hegen und pflegen die sieben Sakramente, die doch dein Sohn gestiftet hat. Wir würden sie niemals aufgeben. Die sieben Sakramente sind notwendig zum Heil. Ja, wir sind gerne eine Kirche der Sakramente.“ Leise unterbrach der Pope, der noch gar nicht an der Reihe war. „Auch wir Orthodoxe lieben die Sakramente.“ Der Oberkirchenrat rutschte unruhig auf seinem Stuhl hin und her. „Brüder“, erwiderte er, „die Kirche lebt nicht von den sakramentalen Zeichen. Nicht Wein und Brot sind entscheidend. Die Kirche lebt allein vom Wort deiner Botschaft, lieber Gott. Dein Wort macht die Menschen froh. Wir sind die Kirche deines Wortes. Im Anfang war das Wort.“ „Herr Oberkirchenrat, ehrwürdiger Bruder!“, entfuhr es dem Popen. „Auch Worte sind Bilder von dir, lieber Gott. Genauso sind die Sakramente Bilder, und ihr vergesst, dass die Menschen Gottesbilder sind. Wir sind die Kirche des Bildes Gottes in der Welt.“ Zufrieden lehnte sich der Pope zurück. Der liebe Gott schüttelte sorgenvoll den Kopf. Die Diskussion verstand er nicht mehr wie viele seiner Gläubigen. „Kirche des Sakramentes, Kirche des Wortes, Kirche des Bildes“, der liebe Gott stockte, „ich höre nichts von einer Kirche des Friedens, einer Kirche der Barmherzigkeit und einer Kirche der Liebe!" Die drei Herren schwiegen betroffen. Plötzlich ging die Tür auf und ein junger Kerl in Jeans trat herein. Er passte nicht in die erlauchte Theologenrunde, die ihn geflissentlich übersah. „Lasst einmal meinen Sohn sprechen!" „Deinen Sohn?" Die drei Herren staunten mit offenem Mund. „Deinen Sohn?" „Ja, meinen Sohn", lächelte der liebe Gott. „Meine Brüder", begann der Sohn Gottes, „ihr streitet um das Wort, um das Sakrament, um das Bild. Erinnert euch an meine Erdentage. Erinnert euch, wie ich einen Gelähmten heilte. Erinnert euch, wie ich Zachäus vom Baum holte. Erinnert euch, wie ich der Ehebrecherin vergab. Erinnert euch an das, was ich getan habe. Ich habe gepredigt, das stimmt. Ich habe in Bildern von meinem Vater erzählt, das stimmt, und ich habe Abendmahl gefeiert, das stimmt auch. Aber entscheidend war, ich habe gehandelt und getan. Gottes Wille zu tun war für mich das Entscheidende. Oder wie ihr es in der Heiligen Schrift festgehalten habt: In das Himmelreich kommt, wer den Willen meines Vaters im Himmel tut. Ich wünsche mir die eine Kirche der Tat." Beschämt blickten der Monsignore, der Pope und der Oberkirchenrat zu Boden, der im Himmel keiner ist. Sie hatten vergessen, über die Kirche der Tat zu sprechen.

Mein Wecker klingelte. Ich erwachte. Eines hatte ich im Traum gelernt. Der Buß- und Bettag ist ein Tag, der einlädt, Gottes Willen zu tun. Deshalb darf ich meine Predigt mit einem Appell beenden: Tun wir Gottes Willen in unserem Leben! Werden wir zur einen Kirche der Tat, zur wahren Kirche Jesu Christi.

„Denn dein ist das Reich …"

Lieber Mitbruder,
neulich kamst du verärgert von einer Aushilfe zurück. Deine Bereitschaft, einer Gemeinde zu helfen, war nicht richtig gewürdigt worden, denn nach der Messe stürmte ein Mann zu dir in die Sakristei. „Wir beten hier das Vaterunser durch! ‚Denn dein ist das Reich' schließen wir sofort an." Ich verstand deine Antwort. „Seien Sie froh, dass ich bei Ihnen ausgeholfen habe. Dann möchte ich aber auch beten, wie es im Messbuch vorgeschrieben ist."

Du hast das Recht auf deiner Seite, manche Gemeinden jedoch beten das Vaterunser durch. Statt innezuhalten und die Bitte um die Erlösung durch den Priester einzuschieben, fahren sie unbekümmert fort. Mit einem Trick versuchen einige Mitbrüder, den vorgeschriebenen Einschub zu retten. Gelegen oder ungelegen singen sie das Vaterunser. Am Schluss holen sie kurz Luft und ehe die Gemeinde anfängt, weiter zu beten, schieben sie dann den Embolismus – so heißt der Gebetseinschub – brutal ein. Erst danach werden das Reich und die Kraft Gottes verherrlicht. So kämpfen Priester und Gemeinde betend gegeneinander. Dabei ist das Vaterunser ungeeignet für Gebetskriege. Inhaltlich habe ich nichts gegen den priesterlichen Embolismus. Schließlich brauche ich Gottes Hilfe, um vom Bösen erlöst zu werden. Aber muss er so rücksichtslos das Vaterunser unterbrechen? Deshalb haben einige Gemeinden nach der Liturgiereform die Praxis eingeführt, unter der du heute leidest. Zugegeben, Papst Paul VI. bestimmte, der Priester habe den Embolismus zu beten. Wer dagegen das Vaterunser durchbetet, verstößt gegen den Ritus, riskiert aber kein Schisma.

Unsere Heimat ist das Land der Reformation. Viele Gemeinden wollen vermutlich ein ökumenisches Zeichen setzen. Denn die evangelischen Christinnen und Christen beten das Vaterunser, so wie es eine Lehrschrift vor 1900 Jahren angeregt hat. Insofern können sich die Durchbeter auf ein Dokument berufen, das zeitlich nahe an der Entstehung der Evangelien heranreicht. Das durchgebetete Vaterunser ist den evangelischen Glaubensgeschwistern in Fleisch und Blut übergegangen. Deshalb bete ich gern das Vaterunser auf ihre Weise, um betend zu der einen Christenfamilie dazuzugehören. Zu ihr zähle ich mich schon heute. Mit dem Vaterunser ohne Einschub beteten wir Christinnen und Christen mit einer Stimme.

Wie gesagt, ich habe nichts gegen den Embolismus und die liturgische Vorschrift. Doch für unser Land könnte ich mir eine Ausnahmeregelung vorstellen, zumal bekannte Liturgiewissenschaftler ihn als ein Element von geringer Bedeutung beschreiben. Ferner wird das Vaterunser im Trauritus, beim Beerdigungsgottesdienst und bei der Taufe durchgebetet. Ich hoffe, das Vaterunser auch einmal in der Messfeier offiziell so beten zu dürfen, wie es meine Geschwister im evangelischen Gottesdienst tun.

Zufällig hatte ich in derselben Gemeinde eine Woche später die Aushilfe. Da ich die Gemeinde von früher kannte, entdeckte ich in der Messe drei evangelische Christen, die mit ihren katholischen Ehepartnerinnen den Gottesdienst besuchten. Durch das durchgebetete Vaterunser konnte ich ihnen ein Zuhause anbieten. Um der drei Glaubensbrüder willen betete ich durch. Es wird ihnen gutgetan haben.

Ein paar Tage später feierte unsere Gemeinde ihr Patronatsfest. In den Bänken sah ich ein Ehepaar mit ihrem

Sohn, die mir in unserer Kirche bisher nie begegnet waren. Nachher stießen wir im Kreuzgang mit einem Glas Sekt auf das Fest an. Die drei kamen auf mich zu und stellten sich vor. „Ich bin evangelischer Pfarrer im Nachbarort, meine Frau und mein Sohn. Er ist vor einigen Wochen konfirmiert worden. Unbedingt wollte er einmal einen katholischen Gottesdienst mitfeiern." Um der Gäste willen war ich froh, das Vaterunser durchgebetet zu haben. Im Gebet hatten wir eine gemeinsame Heimat.

Die wichtigste Erfahrung machte ich voriges Jahr. Da ich krank zu Bett lag, konnte ich am Sonntag nicht zelebrieren. Was ich meinen Kranken immer empfahl, praktizierte ich jetzt selbst. Ich schaute mir den Fernsehgottesdienst an. Er wurde aus einer evangelischen Kirche übertragen. Die Lieder und die Gebete waren mir fremd. Deshalb lag ich mit innerer Distanz vor dem Fernsehschirm. Doch als die Pfarrerin das Vaterunser anstimmte, betete ich sofort mit. Das ganze Gebet holte mich in das gottesdienstliche Geschehen hinein. „Denn dein ist das Reich und die Kraft und die Herrlichkeit in Ewigkeit. Amen." Wenn ich daran denke, dass viele evangelische Mitchristen umgekehrt am Fernsehschirm die katholische Messe mitfeiern, wäre es sinnvoll, das ganze Vaterunser gemeinsam zu sprechen. Damals habe ich erfahren, wie wichtig das ist.

Du hast recht, es gibt wichtigere Probleme in der Kirche. Ein im Gottesdienst durchgebetetes Vaterunser ist eine Randfrage. Ist aber ein gemeinsames Tischgebet keine gute Vorbereitung auf ein kommendes gemeinsames Abendmahl? Aus dem Grund wünsche ich mir, dass uns bald die Freiheit geschenkt wird, das Vaterunser in der Messe „ökumenisch" zu beten. Nur eine Bitte zum

Schluss: Versuche die „ökumenischen“ Gemeinden zu verstehen. Es geht ihnen nicht um liturgischen Ungehorsam, denn so unberechtigt ist ihr Anliegen nicht.

Mit brüderlichem Gruß
Albert Damblon

PS: Übrigens, das Vaterunser ist den evangelischen Geschwistern so wichtig, dass im Gottesdienst während des Gebetes geläutet wird.

Auch betet nicht wie die Heuchler, sondern wie der Herr geboten hat in seinem Evangelium, so betet:
Vater unser in dem Himmel, geheiligt werde dein Name, so soll kommen deine Herrschaft, es soll geschehen dein Wille wie im Himmel, so auf der Erde. Unser tägliches Brot gib uns heute, und erlasse uns unsere Schuld, wie auch wir sie erlassen unseren Schuldnern, und führe uns nicht in Versuchung, sondern rette uns vor dem Bösen; denn dein ist die Kraft und die Herrlichkeit in Ewigkeit.

Didache 8,2 (Ende des 1., Anfang des 2. Jahrhunderts)

Verschiedene Gottesdienste?

Am Dreifaltigkeitssonntag war ich zur Predigt im ökumenischen Gottesdienst eingeladen. Schon der Name deutet die Kirchenspaltung an. Obwohl die Protestanten die lateinische Sprache weniger schätzen als wir Katholiken, sprechen sie von Trinitatis. Ich fühlte mich geehrt, als der Superintendent mich ansprach. Eine Mitgestaltung solcher Gottesdienste schlage ich nie aus, weil mir Ökumene am Herzen liegt. Gleichzeitig verspürte ich Angst, den Ansprüchen nicht gerecht zu werden. Denn ich weiß um die Bibelkenntnisse der protestantischen Zuhörerinnen und Zuhörer. So leicht macht man ihnen nichts vor. Genauso schwierig war das Thema Dreifaltigkeit, das durch den Predigttermin anstand.

Am Anfang der Vorbereitung überraschte mich die Übereinstimmung der Leseordnungen. Zu lesen war sowohl katholisch als auch evangelisch der Missionsbefehl Jesu im Matthäusevangelium. Solch einen ökumenischen Gleichklang gibt es sonst vielleicht nur zu Weihnachten und Ostern. Entlastet atmete ich durch, die Auswahl des Textes bot mir einen Ausweg. Ich musste nicht über Dreifaltigkeit predigen. Es ergaben sich andere Möglichkeiten. Selbstverständlich benutzte ich als Grundlage die neue Einheitsübersetzung. Mir dämmerte zwar, dass das Vorbereitungsteam keine Absprache über den Bibeltext getroffen hatte. Am Schreibtisch fielen mir eine Menge Stichworte ein, so dass schnell der Zielsatz und der Entwurf standen.

Beim ersten Sprechversuch gewann ich den Eindruck, dass meine Predigt vor kritischen Ohren bestehen konnte. Zwar hätte ich konkreter werden können, aber auch so ging ich gelassen in die Trinitatisfeier. Im Gottesdienst herrschte ein hohes klerikales Aufgebot, neben den Ortspfarrern beider Konfessionen schritten der Superintendent und der Dekan. Würdige Herren in ihren langen schwarzen Talaren, deren Bild durch den Posaunenchor aufgehellt wurde. Vor ihm reihte ich mich ein, genauso schwarz gewandet. Die Aufgaben im Gottesdienst waren ökumenisch gerecht verteilt. Der evangelische Pfarrer musste den Predigttext vortragen. Als er zum Ambo ging, fragte ich mich still zum ersten Mal, welche Übersetzung er wohl gebrauche. Ohne Umschweife kündigte er es an: „Ich lese die Schlussverse aus dem Matthäusevangelium, wie sie in der neuen Lutherbibel übersetzt sind." Zunächst dachte ich mir nichts Böses. Deshalb hörte ich gelassen zu, bis mich eine Stelle schlucken ließ. Ich stutzte, und vielleicht erblasste ich ein wenig. Tatsächlich las der Bruder etwas anderes, als ich es von der Einheitsübersetzung her kannte. Schwirrte in meinem Kopf, dass Jesus seine Apostel aufforderte „alle Völker zu Jüngern zu machen", hörte ich jetzt bei Luther die Bitte, „alle Völker zu lehren". Dadurch ergab sich für mich plötzlich eine andere Bedeutung. Lehrer behandeln Unterrichtsstoff, den die Schüler zu lernen haben. Ein Meister dagegen schart Jünger um sich und verlangt von ihnen Gefolgschaft. Jedenfalls hatte ich mir nach der Lektüre der Einheitsübersetzung einen Kreis von Menschen vorgestellt, die sich um einen großen Weisen versammeln und an seinen Lippen hängen. Wie Sokrates einst seine Schule hatte, so gründete Jesus mit den Jüngern seine Schule, damit sie in seine Fußstapfen traten und ihr Leben für ihn einsetzten. Nach meinem Sprachverständnis klingt das ‚lehren' unverbindlicher als das ‚zu Jüngern machen'. Verunsichert, stotternd begann ich meine Predigt. Ich war froh, mich auf andere Stichworte eingelassen zu haben. Auf das lutherische Lehren brauchte ich gar nicht einzugehen. Ich wäre sonst auch ins Schleudern geraten.

Nach der Predigt setzte ich mich erleichtert wieder hin. Ich hatte sie ohne Aussetzer beendet. Den Rest des Gottesdienstes waren meine Gedanken irgendwo anders. Trotz schwungvoller Choräle beschäftigte mich die Frage, warum es für die ökumenische Liturgie kein gemeinsames Lektionar mit einer Übersetzung gibt? Selten werden in beiden Kirchen gleiche Perikopen angeboten, aber wenn, hören sie sich noch unterschiedlich an. Die Weihnachtsgeschichte ist das beste Beispiel. Sie trägt jedes Jahr sogar ein dreifaches Gewand. Im Fernsehen liest Heinz Rühmann die alte Lutherübersetzung, in der Christvesper trägt die Pfarrerin den neuen Luther vor und in der Christmette singt der Diakon die Einheitsübersetzung. Angeblich haben die Kirchenleitungen über eine ökumenische Bibelübersetzung gesprochen, aus mir unbekannten Gründen ist sie verworfen worden. Deshalb wird unverdrossen weiter aus zwei Bibeltexten vorgetragen. Und das eine Kirchenvolk spitzt verwundert die Ohren. Die Kirchen können sich also weder auf ein gemeinsames Abendmahl noch auf eine gemeinsame Heilige Schrift verständigen. Selbst unsere Kirchenzeitung titelte bei der Einführung der neuen Übersetzungen: „Zweimal Gottes Wort auf Deutsch“. Auf keinen Fall will ich meinen evangelischen Geschwistern den Luthertext nehmen. Er gehört zu ihrem Selbstverständnis. Auch zwinge ich keinem meine Einheitsübersetzung auf. Für die private Bibellektüre benutze ich sowieso die Übersetzung, die ich leicht lesen kann. Dennoch lässt mich nicht los, wie die eine

Heilige Schrift in der Öffentlichkeit zweifach ins Wort gehoben wird. Die Menschen, die zu Jüngern gemacht oder belehrt werden sollen, werden mit zwei Bibeln konfrontiert. Traurig, dass „an der neuen Bibel die Ökumene spurlos vorübergeht“, wie es eine Tageszeitung formulierte. Auf jeden Fall habe ich gelernt, mich vor jedem ökumenischen Gottesdienst zu erkundigen, welche Übersetzung gebraucht wird.

Ökumene des Anpackens

„Die elf Jünger gingen nach Galiläa auf den Berg, den Jesus ihnen genannt hatte. Und als sie Jesus sahen, fielen sie vor ihm nieder, einige aber hatten Zweifel. Da trat Jesus auf sie zu und sagte zu ihnen: Mir ist alle Vollmacht gegeben im Himmel und auf der Erde. Darum geht und macht alle Völker zu meinen Jüngern; tauft sie auf den Namen des Vaters und des Sohnes und des Heiligen Geistes und lehrt sie, alles zu befolgen, was ich euch geboten habe. Und siehe, ich bin mit euch alle Tage bis zum Ende der Welt“ (Mt 28,16–20, Einheitsübersetzung 2016).

Wir, eine ökumenische Pilgergruppe aus Presbytern und Pfarrgemeinderäten, bestaunten in Rom das Geschehen vor der sogenannten Heiligen Stiege. Menschen fielen nieder und krochen kniend Stufe für Stufe hoch. Nach der Legende führte die Treppe einst in den Richtersaal des Pontius Pilatus. Also musste Jesus dort hinaufgestiegen sein, um vom römischen Statthalter sein Todesurteil zu erhalten. Von daher galt die Stiege als eine kostbare Reliquie. Deshalb hatte Kaiserin Helena sie nach Rom in die kaiserliche Residenz gebracht. Seitdem verehrt sie eine ungezählte Pilgerschar. Auf jeder Stufe küssen die Frommen den Boden, den Jesus angeblich mit seinen Füßen berührt hat. Wer dazu ein Vaterunser betet, gewinnt einen Ablass für sich oder für einen lieben Verwandten.

Wir wussten, dass Martin Luther auf seiner Dienstreise nach Rom hier niedergefallen und die Heilige Stiege hochgekrochen ist. Dort betete er für seinen Großvater Heine Luder. Jahrzehnte später predigte er einmal darüber: ‚So wollte ich in Rom meinen Großvater aus dem Fegefeuer erlösen, ging die Treppe Pilati hinauf, betete auf jeder Stufe ein Vaterunser. Es herrschte die feste Überzeugung: wer so betete, erlöste eine Seele. Als ich aber an die Spitze gelangte, kam mir der Gedanke: wer weiß, ob es wahr ist'.

Luther bezweifelte die Tradition. Er zweifelte. Zweifel ist auch uns heute vertraut. Luthers Frage zielte zunächst auf das Fegefeuer, wir fragen heute grundsätzlicher nach Gott selbst. Wer weiß, ob es Gott wirklich gibt. Die Zweifel an Gott verbinden heute alle Getauften, verstärkt durch die Not, nicht mehr niederfallen zu können. Dabei dürfen Zweifelnde wissen, dass der Zweifel zum Anfang der Kirchengeschichte gehört. Die Elf, also der engste Kreis, nicht irgendwelche Mitläufer, bestiegen den Gipfel des Berges und fielen nieder. „Einige aber hatten Zweifel." Wer weiß, ob alles wahr ist. Einige sind sicher mehr als nur zwei. Ihnen hat es nicht geholfen, auf den Berg zu steigen und niederzufallen. Jesus jedoch übergeht ihre Zweifel. Er versucht nicht, ihnen zu beweisen, dass alles wahr ist. Stattdessen sagt er: Grübelt nicht, fangt an, und macht die Menschen zu meinen Jüngern, zu Christinnen und Christen. Tauft sie auf den Namen des dreifaltigen

Gottes. Jesus lässt sie zweifeln, und trotz ihrer Zweifel lädt er sie ein, beherzt anzufangen.

Manchmal meine ich, die Kirchen starren zu sehr auf die Zweifel ihrer Mitglieder. Statt über den Glaubensschwund zu jammern, wäre eine Ökumene des Anpackens sinnvoller. Wir fangen einfach an. Manchmal vermisse ich die Ökumene des beherzten Anpackens. Jesus will keinen Stillstand, sondern eine Bewegung, die die Menschen zu seinen Jüngerinnen und Jüngern macht. Und das ist in allen Kirchen Ökumene.

Fehlender ökumenischer Schwung?

Manchmal vermisse ich den ökumenischen Schwung früherer Jahre, und die Ökumene wird zur lästigen Pflicht in den Gemeinden. Irritationen aus den Kirchenleitungen fördern nicht unbedingt das Engagement. Vor ein paar Jahren drangen Dokumente in die Öffentlichkeit, die viel Ärger verursachten. Das eine stammte aus dem Vatikan, das andere aus der EKD. Heute sind sie vergessen. Andere Dokumente schieben sich in den Vordergrund. Damals regte man sich über den unfreundlichen Stil der Papiere auf. Ein Zeitungskommentar analysierte drei Phasen ökumenischer Annäherung.

Die erste Phase war die Ökumene des Aufbruchs, der in der katholischen Kirche mit dem II. Vatikanischen Konzil begann. Theologinnen und Theologen beider Kirchen untersuchten mühevoll die Lehrtexte und fanden viele Übereinstimmungen. Die wissenschaftliche Arbeit führte zu einem ökumenischen Konsens. Dann ging es plötzlich nicht weiter. Mit der Ökumene des Aufbruchs war Schluss. Es folgte eine Phase, so schrieb der Kommentator, der ökumenischen Nickligkeiten. Zuerst sprach der Vatikan der evangelischen Kirche das Kirche-Sein ab, dann kündigte die evangelische Kirche ihre Mitarbeit bei der Einheitsübersetzung auf. Mir kommt es manchmal vor, als ob zwei Kinder im Sandkasten spielen. Eins schreit plötzlich: „Du hast mein Förmchen geklaut, jetzt zertrampele ich dir deine Sandburg!“ Beide springen auf und gehen schreiend auseinander. Wer versöhnt die Streithähne wieder?

Nun müsste eine dritte Phase der Ökumene beginnen. Die Basis in den Dörfern und Städten ist gefordert, die Ökumene selbst in die Hand zu nehmen. Die Christinnen und Christen entscheiden darüber, was gemeinsam zu tun ist. Vielleicht ist es auch leichter, vor Ort die Ökumene zu leben. Denn dort besitzen die Kinder gar nicht so viele Sandförmchen, über die sie sich zerstreiten können. Es macht vielmehr Spaß, gemeinsam eine einzige, große Sandburg zu bauen.

Woran kann sich die Ökumene an der Basis orientieren? Der Prophet Micha bietet eine hervorragende Leitidee, die im Grunde unspektakulär ist.

„Es ist dir gesagt, Mensch, was gut ist und was der Herr von dir fordert, nämlich Gottes Wort halten und Liebe üben und demütig sein vor deinem Gott“ (Mich 6,8 Luther-Übersetzung 2017).

Drei Dinge braucht die Ökumene der Basis:
Erstens: Sie muss sich an Gottes Wort halten. Die Bibel, gleichgültig in welcher Übersetzung, gehört in die Mitte des Glaubens. In der Bibelarbeit sind die Protestanten geübt, die Katholiken müssen mit ihrer Hilfe nachziehen. Gemeinsam sollten wir die Heilige Schrift wertschätzen,

weil sie für die Ökumene immer ein gutes Wort bereithält.

Zweitens übt die Ökumene Liebe. Sie war nicht immer selbstverständlich im ökumenischen Umgang. Wenn wir in die Kirchengeschichte zurückblicken, erfahren wir, wie die Kirchen jahrhundertelang lieblos miteinander umgegangen sind. Heute erzählt man sich gerne Anekdoten aus jener Zeit. Bei den Katholiken wurde Karfreitag das Haus geputzt, bei den Evangelischen Fronleichnam. Deshalb ist es ein Fortschritt, wenn wir heute in den christlichen Gemeinden beide Feiertage achten und freundlich, ja liebevoll miteinander umgehen. Freundlichkeit hat im ökumenischen Dialog viel mit „Liebe üben" zu tun.

Als Drittes haben wir demütig vor Gott zu sein. Wahrscheinlich gehen wir zu leichtfertig mit Gott um. Wie leicht führen wir das Wort „Gott" auf den Lippen! Spüren wir, dass er der ganz andere und auf keinen Fall Teil unserer Welt ist? Der frühere Bischof von Aachen Heinrich Mussinghoff hat einmal sinngemäß gesagt: Gott ist nicht katholisch, Gott ist nicht evangelisch, Gott ist nicht einmal christlich, Gott ist Gott. Das haben evangelische und katholische Gemeinden wieder zu lernen: Gottes Gott-Sein. Lernen wir gemeinsam, Gott Gott sein zu lassen und ihn nicht allzu menschlich zu betrachten. Es wäre heilsam, ökumenisch zu bekennen, du bist Gott, kein anderer. Darin darf Ökumene nicht ermüden. Die Protestanten und Katholiken an der Basis lassen sich in ihrem Bekenntnis zu Gott weder von evangelischen Präsides noch von katholischen Bischöfen und ihren Papieren bevormunden.

Ökumene des Festes

Es ist ein abgenutzter Kalauer: lieber Feste feiern als feste arbeiten. Im Sommer feiert es sich besonders schön. Sonnenschein ermöglicht die Straßenfeste, die Schützenfeste und die Kirmes. Bei schlechtem Wetter helfen die Zeltverleiher mit ihren Zelten. An Regentagen haben sie Hochkonjunktur. Unabhängig davon qualmt es fast in jedem Garten. Es rußt nur der Grill, die Feuerwehr braucht nicht auszurücken. Zum Schützenfest flattern über den Straßen bunte Fähnchen. Grünberockte, blauberockte und schwarzberockte Männer, gelegentlich auch Frauen, marschieren mit Trompete und Trommel durch den Ort. Trotz der ruckartigen Bewegungen sind es keine Marsmenschen.

Der Mensch muss feste arbeiten, um Feste feiern zu können. Nur mit einem prallen Geldbeutel lässt sich mitmachen. Arme bleiben ausgeschlossen. Das Finanzamt frohlockt ob des sommerlichen Geldsegens, weil Feste reichliche Steuereinnahmen garantieren. Dagegen geraten die Vereinsvorstände an die Grenzen ihrer Leistungsfähigkeit. Was sie alles zu organisieren haben! Wenn die Würstchen fehlen, wird der Vorstand zum Würstchen gemacht. Der Rheinländer feiert gerne, um jeglichen Trübsinn im Leben von vornherein abzuwehren. Depressive Gedanken müssen im Keim erstickt werden, damit sie sich erst gar nicht ausbreiten. Besser, im Festzelt über Gott und die Welt zu plaudern, als allein über den Sinn des Daseins zu grübeln. Was wird an der Theke nicht alles besprochen. Weder der Präsident der USA noch die Bundeskanzlerin politisieren so gut wie Schützen an der Theke. Reichen die öffentlichen Feste nicht, privat gibt es auch viel zu feiern.

Mit 18 wird der Mensch volljährig, 19 ist die letzte Zahl vor der runden 20, 21 war früher ein entscheidendes Stichjahr, 22 ist eine Schnapszahl, und ab 50 steigt sowieso in jedem Jahr eine große Fete.

Die einen neiden dem Rheinländer seine Lebenskunst, den anderen erscheint sie zu oberflächlich. Ihre Art zu leben und zu feiern entspricht einer langen Tradition, die eng mit dem Katholizismus verbunden ist. Im Lauf eines Kirchenjahres wurde hart gearbeitet, aber auch ausgelassen gefeiert. Besonders die Heiligenfeste boten eine gute Gelegenheit für eine Fete. Die hl. Barbara, der hl. Martin und der hl. Nikolaus wurden zu Hausgenossen im Rheinland. Den evangelischen Christen fiel es zunächst schwer mitzufeiern. Denn Martin Luther hatte einst die vielen Feste verteufelt. „Wie nun der Mißbrauch mit Saufen, Spielen, Müßiggang und allerlei Sünde geht, so erzürnen wir Gott mehr an den Heiligentagen als an den anderen. Und es ist gerade umgekehrt: daß Heiligentage nicht heilig, Werktage heilig sind." Solche Mahnungen hat der evangelische Rheinländer inzwischen vergessen. Gleichgültig, ob er evangelisch, katholisch, konfessionslos oder muslimisch ist, er verweist auf Martin Luthers Freiheit eines Christenmenschen. Mag es Missbräuche gegeben haben, Sebastianus und Hubertus müssen gefeiert werden. Wie könnte der Mensch sonst die Härte des Lebens ertragen. Das Fest ist eine Möglichkeit, vom versprochenen Paradies für einige Stunden zu träumen! Darin sind sich alle Christinnen und Christen einig. Sie praktizieren eine Ökumene des Festes.

Vielleicht ist jedes gelungene Fest eine Gnade des Heiligen Geistes. Er führt die Menschen zusammen und lässt sie die Geschwisterlichkeit des Himmels erleben. Nur ein paar Stunden, aber sie reichen, um zu überleben. Feiern tun die meisten gerne, ob sie an Gottes Geist glauben oder nicht. Die Ökumene des Festes ist in einem Ort nicht zu verachten.

Ökumenische Salbung

Wieder einmal bin ich für den Priesternotruf in der Region zuständig. Es ist Sonntagmorgen. Gerade habe ich meinen Dienst beendet. Zu Hause angekommen, läutet das Handy. Die Pförtnerin eines Seniorenheimes meldet sich. „Bei uns liegt ein Herr Tull im Sterben. Er braucht den Beistand eines Pfarrers. Das wünschen die Angehörigen, da er sich sehr schwer mit dem Sterben tut. Übrigens, soviel ich weiß, ist er evangelisch.“ Ich stutze. „Evangelisch?“ „Ja!“ „Aber wir sind der katholische Notdienst, ich bin katholischer Pfarrer und will meinen evangelischen Kollegen nicht ins Handwerk pfuschen. Sonst bekomme ich ökumenischen Ärger.“ „Verstehe. Im evangelischen Pfarramt läuft ein Anrufbeantworter. Der Pfarrer ist in Urlaub. Morgen früh können wir wieder anrufen. Und Herr Tull hat jetzt einen Seelsorger nötig.“ Kurz überlege ich, was zu tun sei. Auf der einen Seite vertrete ich nicht die evangelische Kirche, auf der anderen Seite ist ein Seelsorger gefragt. „Sprechen Sie bitte einmal mit der Familie. Erklären Sie ihr meinen Einwand. Ich kann nur als katholischer Pfarrer kommen.“ „Die Familie Tull ist am Krankenbett. Ich gehe hin und melde mich wieder.“ Es dauerte nur ein paar Minuten, bis das Handy wieder läutete. „Bitte kommen Sie. Frau Tull ist sogar katholisch. Sie wünscht, dass ihr Mann die Letzte Ölung empfängt.“ Ich verkniff mir, theologisch zu verbessern. „In einer Viertelstunde bin ich bei Ihnen. Bis dann.“

Ohne Probleme erreiche ich das Heim. An der Pforte begegnet mir die Pflegerin, mit der ich telefoniert habe. „Sie sind der Pfarrer? Herr Tull wohnt auf der Station ‚Sommerwiese‘ Zimmer 212. Sie werden erwartet. Dort hinten ist der Aufzug.“ Normalerweise nehme ich die Treppe. Doch heute ist der Aufzug schneller. Auf dem Flur der zweiten Etage blühen an den Wänden Blumen, gelber Löwenzahn, weiße Gänseblümchen, blaue Kornblumen und roter Klatschmohn. Die weiße Raufaser hatte der Träger mit bunten Feldblumen bemalt, damit die Farben des Sommers ins Haus hineinkamen. Das Zimmer 212 finde ich sofort. Am Krankenbett sitzt die Ehefrau. Ich stelle mich vor und begrüße sie. Dem Sterbenden streichle ich sanft seine knöcherne Hand. Völlig abwesend, unbeweglich liegt er in seinem Bett. Die aufgerissenen Augen starren auf irgendeinen Punkt an der Decke. Er röchelt, mühsam um die Luft ringend. Die Tapetenblüten machen das Zimmer nicht bunter. Die Frau weint leise. Dennoch spüre ich ihre Erleichterung. „Bitte geben Sie ihm die Letzte Ölung. Ich weiß, er will sie!“ „Obwohl er evangelisch ist? In seiner Kirche ist die Krankensalbung unbekannt.“ Die Ehefrau nickt heftig. „Ich weiß, er will sie!“ Das Ölgefäß ist ausgepackt, eine Kerze brennt. Ich bete, nicht im Namen einer Konfession, sondern der zwei Menschen hier in dem Zimmer, die sich voneinander verabschieden müssen. Abschied ist weder evangelisch noch katholisch. Vorsichtig spreche ich Herrn Tull an. „Lieber Herr Tull, Ihre Frau will, dass ich Ihnen die Krankensalbung spende. Sind Sie damit einverstanden?“ Keine Reaktion, weder ein zustimmendes Nicken noch ein ablehnendes Kopfschütteln. „In Ihrem Namen, liebe Frau Tull, mache ich es!“ Dann nehme ich das goldene Döschen, fette den Daumen mit dem Chrisam an und zeichne ein Kreuz auf die Stirn des Sterbenden, der mit Vornamen Thomas heißt. „Durch diese Heilige Salbung helfe dir der Herr in seinem reichen Erbarmen, er stehe dir bei mit der

Kraft des Heiligen Geistes." Keiner antwortet. „Der Herr, der dich von Sünden befreit, rette dich, in seiner Gnade richte er dich auf." Ich sage zu mir selbst Amen. Fast unhörbar flüstert die Frau „Adieu, Thomas." Ja, a-dieu, zu Gott hin gehe dein Weg. In dem Moment verstehe ich sogar Französisch. Wir erleben, dass das Heilige Öl Bruder Thomas gutgetan hat. Denn er keucht weniger als vorher. Auch die Frau atmet gelassener, weil sie die Hilfe der Seelsorge erfahren hat.

Auf der Rückfahrt ging mir durch den Kopf, ob alles richtig war. Viele Fragen stellte ich mir am Steuer. Durfte ich ohne Einverständnis eines evangelischen Pfarrers am Sterbebett von Thomas eingreifen? Erlaubt das katholische Kirchenrecht überhaupt eine Krankensalbung für einen evangelischen Christen? Habe ich etwas Ungültiges vollzogen, indem ich meinen evangelischen Bruder mit Heiligem Öl salbte? Ich wusste es nicht. Heute weiß ich, dass das Kirchenrecht Ausnahmen zulässt. Erfahren habe ich, dass die Krankensalbung Schwerkranke aufrichtet. Seelsorge ist ökumenisch. Mir fiel ein Zitat von Papst Franziskus ein: „Häufig verhalten wir uns wie Kontrolleure der Gnade und nicht wie ihre Förderer. Doch die Kirche ist keine Zollstation, sie ist das Vaterhaus, wo Platz ist für jeden mit seinem mühevollen Leben" und Sterben, fügte ich hinzu. Die Türen des Vaterhauses stehen weit offen, und Kirchenmauern können die Gnade nicht abwehren.

Can 844 §4: Wenn Todesgefahr besteht oder wenn nach dem Urteil des Diözesanbischofs bzw. der Bischofskonferenz eine andere schwere Notlage dazu drängt, spenden katholische Spender diese Sakramente erlaubt auch den übrigen nicht in der vollen Gemein-

schaft mit der katholischen Kirche stehenden Christen, die einen Spender der eigenen Gemeinschaft nicht aufsuchen können und von sich aus darum bitten, sofern sie bezüglich dieser Sakramente den katholischen Glauben bekennen und in rechter Weise disponiert sind.

Codex Iuris Canonici

Reliquien, Heiligtümer und Fronleichnam

Schon als ich den Melanchton-Saal betrat, empfand ich die Abneigung der Pfarrerinnen und Pfarrer. „Eure Heiligtumsfahrt ist zu katholisch, nichts für uns“, plusterte sich ein evangelischer Kollege auf, nachdem ich gerade auf meinem Stuhl saß. „Schon Martin Luther predigte vom falschen Vertrauen in totes Gebein!“ Einige Pfarrer klopften lautstark, und ich rutschte tiefer auf meinem Stuhl. Zu meiner Überraschung hatte mich der Superintendent in seinen Pfarrerkonvent eingeladen. Dort sollte ich von den Vorbereitungen auf die kommende Heiligtumsfahrt berichten. Nach alter Tradition wallfahren alle sieben Jahre fromme Katholiken des Niederrheins zu unserer Basilika, um dort neben anderen Reliquien das sogenannte Abendmahlstuch zu verehren. Ein uraltes Stückchen Stoff wird seit Jahrhunderten als Tischtuch des letzten Abendmahls verehrt. Es war mir klar, dass damit reformatorische Frömmigkeit überhaupt nichts anfangen kann. Der Superintendent dachte dagegen an eine ökumenische Chance. Deshalb wollte er seinen Kirchenkreis bei der nächsten Heiligtumsfahrt unbedingt dabeihaben. „Lieber Bruder, es ist wichtig, den Konvent heute zu überzeugen“, flüsterte er mir zu. Schön gesagt, aber ich wusste nicht, wie sein Wunsch umzusetzen war. Zu stark erhob sich der Widerstand im evangelischen Kollegenkreis, der sich sowieso über die vorschnelle Initiative des Superintendenten ärgerte.

Über eine mögliche Strategie hatte ich schon im Vorbereitungskreis nachgedacht. „Reliquien? Wir lassen Knochen Knochen sein und konzentrieren uns auf das Abendmahlstuch“, schlug ich vor, „vergessen wir die sogenannten Überreste der Heiligen. Wenden wir uns gemeinsam Christus und dem letzten Abendmahl zu." Mir kam die Idee persönlich gelegen, weil ich selbst Schwierigkeiten mit der Knochensammlung unserer Pfarre hatte. Dagegen ist für mich Jesus Christus immer eine Wallfahrt wert. Dennoch fremdelten die evangelischen Kollegen nach wie vor, und es kam keine wohlwollende Atmosphäre auf. Sie legten los, so dass der Superintendent Mühe hatte, das Gespräch zu leiten. Reliquie war das Reizwort, eine Zumutung für die Protestanten. „Hat die Heilige Schrift über den katholischen Reliquienkult berichtet?", provozierte ein Krankenhauspfarrer. Der Pfarrer der Lutherkirche hakte nach. „Die Katholiken sollten zuerst einmal mit ihrem Aberglauben aufräumen!" In seiner Stimme lag ein wenig Spott, auf jeden Fall Unverständnis. Der Superintendent tat sich schwer, die hitzige Runde zu moderieren. Er erteilte mir noch einmal das Wort. Verschreckt von der Heftigkeit fing ich zu leise an. „Lauter", brüllte der Saal, „lauter, lauter!" Ich richtete mich auf und wiederholte. „Aufräumen, in gewisser Weise haben Sie recht. Wir lassen bei der Heiligtumsfahrt alle Reliquienschreine in der Schatzkammer. Warum sollten wir die Knöchelchen herausholen!", den Satz betonte ich stark, „nein, wir holen sie nicht heraus. Bei der Heiligtumsfahrt geht es nur um Christus, dessen Namen alle Getauften tragen." „Hört, hört", raunte es im Kreis. Doch gleichzeitig erhielt ich die notwendige Aufmerksamkeit. „Das Abendmahlstuch steht im Zentrum der Wallfahrt. Ob dieses Stück Stoff wirklich auf dem Tisch des letzten Abendmahls gelegen hat, wie es die fromme Tradition behauptet, weiß ich nicht, weiß keiner. Was ich aber weiß, Jesus hat uns damals aufgefordert, immer wieder den Tisch zu decken und in Erinnerung an ihn Mahl zu halten." Fast pathetisch fuhr ich fort: „Nehmt und esst, nehmt und trinkt! Das Stoffteil ist uninteressant, einzig der Gastgeber interessiert." Eigenartigerweise schwieg die Runde. Auch ich hielt inne, bis der Superintendent mit säuselnder Stimme ergänzte: „Dem Abendmahl des Herrn dürfen wir uns nicht verweigern. Protestieren wir gegen das rigide Verbot eines gemeinsamen Abendmahls." Das Wort ‚Protestieren' beruhigte ein wenig den aggressiven Ton. „Um Christus geht es. Denkt daran, liebe Schwestern und Brüder, das ist Programm. Deshalb habe ich mich von Anfang an angesprochen gefühlt und für die Heiligtumsfahrt eingesetzt." Nachdem der Superintendent so deutlich Stellung bezogen hatte, verstummte das Geraune. Ich nutzte die Gelegenheit, um noch einmal dazwischenzukommen. „Liebe evangelische Geschwister. Ich verspreche euch, dass wir nur das sogenannte – es bleibt ein sogenanntes – Abendmahlstuch auf den Altar legen. Alle anderen Reliquien bleiben in ihren Vitrinen. Sie auszustellen macht keinen Sinn, wenn unser gemeinsames Augenmerk auf Christus liegt. Mein Wort gilt."

Der Superintendent atmete erleichtert auf, wartete einen Moment und verkündete einen persönlichen Wunsch. Er passte in dem Moment. „Am Fronleichnamstag beendet der Bischof die Heiligtumsfahrt." Meine gespitzten Ohren hörten, wie eine Kollegin mit sich selbst tuschelte. „Fronleichnam? Luther sprach vom allerschändlichsten Fest. Da treibe man mit dem heiligen Sakrament Abgötterei." Zum Glück hatte keiner das Selbstgespräch mitbekommen. Beim Thema Fronleichnam hätte die Stimmung wieder kippen können. „Meiner Meinung nach wäre es ein besonderes ökumenisches Zeichen, den Katholiken zur Heiligtumsfahrt ein Geschenk zu machen. Wir fertigen ein neues Tischtuch an, das unsere Schwestern und Brüder zur Eucharistie an Fronleichnam benutzen können." Mit seiner Begeisterung übertönte der Superintendent jeden möglichen Widerspruch. „Zum Schlussgottesdienst decken wir den Altar mit unserem neuen Abendmahlstuch. Darunter läge das alte, eben nicht als Reliquie, sondern als Verbindung zu Jesus Christus. Das wäre ein Herzenswunsch von mir." Die meisten waren zu überrascht, um sich zu Wort zu melden. Es herrschte Schweigen. Ob es als Zustimmung zu deuten war, konnte ich schlecht einschätzen.

Zu Fronleichnam versammelten sich tausende Menschen auf dem großen Platz unterhalb der Marktkirche. Vorne war eine Bühne aufgebaut, auf der ein schmuckloser Altar stand. Noch fehlte ein Tischtuch. Immer mehr füllten den Platz und lauschten dem feierlichen Geläut. Pünktlich zogen die Messdienerinnen und Messdiener, der Bischof und der Superintendent in großer Prozession zum Altar. Vorneweg paradierten die Schützen in ihren bunten Uniformen und mit ihren Fahnen. Eins überraschte, nicht nur Katholiken wurden gesichtet. Evangelische Pfarrerinnen und Pfarrer standen mit ihren Gemeinden zwischen den Reihen. Der Superintendent freute sich, dass so viele Mitglieder seines Kirchenkreises zum ersten Mal in ihrem Leben Fronleichnam mitfeierten. In der Prozession trug er eine kostbare Holzschatulle mit dem Geschenk, der Bischof hielt die schmale Glasvitrine mit dem Abendmahlstuch in seinen Händen. Angekommen stellte er sie auf den Altar. Danach öffnete der Superintendent seine Kassette und holte das sorgfältig gefaltete Tuch heraus. Er hielt es an einer Seite hoch, der Bischof an der anderen Seite. Alle auf dem Platz lasen einen Spruch, der in unterschiedlichen Farben auf das weiße Tischtuch aufgestickt war. „Das Brot, das wir brechen, ist die Gemeinschaft des Leibes Christi.“ Bischof und Superintendent streckten sich, so lang ihre Arme waren. Dann legten sie das Tuch über die Glasvitrine auf den Altar. Alt und neu deckten den Tisch ökumenisch. Der Superintendent erläuterte mit wenigen Worten den Zusammenhang. „Liebe katholische Christinnen und Christen, den Vers des Apostels Paulus haben evangelische Geschwister ausgesucht und ihn niedergeschrieben. Dann haben geschickte Hände die Handschriften in mühevoller Arbeit auf das Tuch gestickt.“ Später kam der Bischof in seiner Predigt darauf zurück. „Und heute haben Sie, liebe evangelische Christinnen und Christen, Ihr Tuch hierhergebracht und es auf den Altar gelegt. Sie wollten uns katholischen Christen zur Heiligtumsfahrt ein Geschenk machen und dabei Ihrer Sehnsucht nach Einheit der Jünger Christi Ausdruck geben und Ihren Wunsch sichtbar machen, dass wir, dass alle Christen das Abendmahl miteinander feiern und empfangen können. Wir nehmen das neue Altartuch freudig entgegen.“ Kräftiger Applaus auf dem Platz. Danach fuhr der Bischof auf dem protestantischen Altartuch und dem traditionellen Abendmahlstuch mit der Eucharistie fort. Die evangelischen Christinnen und Christen feierten katholisch mit. Ob ein evangelischer Christ zur Kommunion gegangen ist, habe ich nicht beobachtet. Wäre es bei dem Christusfest schlimm gewesen?

Sinnloser Streit?

Einst stritten sich zwei Kardinäle in der Öffentlichkeit wie kleine Kinder. Der eine Kardinal bestätigte eine Praxis, die ich schon als Kaplan kennengelernt hatte. Mit Zweidrittelmehrheit folgte ihm die Bischofskonferenz. In einer konfessionsverschiedenen Ehe darf dem evangelischen Partner unter bestimmten Bedingungen die Kommunion gereicht werden. Der andere Kardinal weigerte sich, den Beschluss anzuerkennen. Alles müsse so bleiben wie bisher. Evangelischen Christen solle der Zugang zur Kommunion nach wie vor verwehrt werden. Unabhängig von den theologischen Positionen weiß ich als einfacher Seelsorger nicht, wie die alte Vorschrift umzusetzen ist. Muss mir jeder Kommunikant seinen Taufschein vorlegen? Stelle ich als Pfarrer vor dem Altar ein Schild auf ‚Zutritt für Protestanten streng verboten'? Im Ritus des Messbuches heißt die Einladung zur Kommunion „Kostet und seht, wie gut der Herr ist." Wird der eine Kardinal jetzt eine Ergänzung vorschlagen: „Kostet, wer kosten darf, und seht, wem zu sehen erlaubt ist, wie gut der Herr ist"? Ich zweifle, ob der Spruch im Sinne des Herrn ist.

Eine Großmutter aus Köln hat am Sonntag Jahrgedächtnis. Ihr Enkel, der mit einer evangelischen Frau in Emden glücklich verheiratet ist, kommt extra mit seiner Familie aus dem hohen Norden, um die Messe mitzufeiern. Die Frau ist in ihrer evangelischen Gemeinde beheimatet. Regelmäßig bereitet sie die Konfirmanden mit vor. Offiziell darf sie im Jahrgedächtnis nicht mitkommunizieren. Wäre die Frau besser in Emden geblieben?

Vielleicht werden demnächst in den katholischen Kirchen wie am Flughafen Konfessionsscanner aufgestellt, die bei jedem evangelischen Mitchristen sofort piepsen. Solch ein Kathomat wäre die sicherste Lösung. Von einem weisen, alten Pfarrer habe ich einmal gelernt: „Wir weisen keinen ab. Soll er kosten, wie gut der Herr ist."

Petrus sagte: „Kann jemand denen die hl. Kommunion verweigern, die ebenso wie wir den Heiligen Geist empfangen haben?" (frei nach Apg 10,47)

Kleinkariert?

„Da sagte Johannes zu Jesus: Meister, wir haben gesehen, wie jemand in deinem Namen Dämonen austrieb; und wir versuchten, ihn daran zu hindern, weil er uns nicht nachfolgt. Jesus erwiderte ihm: Hindert ihn nicht! Keiner, der in meinem Namen eine Machttat vollbringt, kann so leicht schlecht von mir reden. Denn wer nicht gegen uns ist, der ist für uns. Wer euch auch nur einen Becher Wasser zu trinken gibt, weil ihr zu Christus gehört – Amen ich sage euch: Er wird gewiss nicht um seinen Lohn kommen. Wer einem von diesen Kleinen, die an mich glauben, Ärgernis gibt, für den wäre es besser, wenn er mit einem Mühlstein um den Hals ins Meer geworfen würde" (Mk 9,38–42).

Viele stöhnen. In der Ökumene sei schon alles gesagt, aber viel zu wenig getan worden. Gelegentlich resigniere ich, doch der Bibeltext ermutigt mich. Da sind die Jünger sauer. Ein Mensch ist im Namen Jesu aufgetreten, der gar nichts mit ihrer Jüngergemeinschaft zu tun hat. Er kennt weder ihre Regeln noch ist er von Jesus persönlich erwählt oder beauftragt. Doch er befreit einen leidenden Mitmenschen von einer schrecklichen Seelenkrankheit. Endlich ist er geheilt. Alle könnten jubeln, weil der Kranke nicht mehr zu leiden braucht. Doch die Jünger Jesu mosern, ein Fremder darf nicht in deinem Namen heilen. Er hat von dir keinen Auftrag. Anstatt sich über die Heilung zu freuen, rechnen sie kleinkariert auf und ärgern sich. Gesund machen dürfen nur wir, deine Gefolgsleute, deine Beauftragten.

Manchmal kommt mir so unsere offizielle Ökumene vor. Viele Christinnen und Christen schätzen die gemeinsame Arbeit ihrer Kirchen, viele Christinnen und Christen feiern gerne gemeinsam Gottesdienst, viele Christinnen und Christen wünschen sich eine Einladung „zu Tisch". Anstatt sich jedoch über die Wertschätzung zu freuen, mosert mancher Bischof herum, sucht den Wurm und findet ihn. Kommissionen theologisieren und schaffen Begriffe, die abgrenzen, ausgrenzen und verbieten. Ihr habt nichts zu verbieten, sagt Jesus, und jetzt folgt der entscheidende Satz: „Wer nicht gegen uns ist, ist für uns." Kein Kirchenmitglied, ob evangelisch, katholisch oder orthodox, ist gegen Jesus und seine Gemeinschaft. Das gemeinsame Glaubensbekenntnis beweist es. Deshalb gilt für die Kirchen das Verbot Jesu, ‚Ihr habt nicht zu verbieten'. Weil wir ihm folgen, geziemt es sich nicht, sich den Geschwistern aus der anderen Kirche zu verweigern. Im Gegenteil, in der Ökumene geschehen die alltäglichen Wunder. Sobald der evangelische Bruder mir ein Glas Wasser reicht und ich es an die orthodoxe Schwester weitergebe, weil sie mehr Durst hat als ich, dann ist das ein Wunder der Ökumene.

Jesus fährt mit einem harten Wort fort, das mit Ökumene scheinbar nichts zu tun hat. Sobald es um die Verführung der Kleinen geht, ist der tolerante Jesus absolut intolerant. Einerseits beleuchtet der Vers die Missbrauchsfälle, anderseits zählen biblisch zu den Kleinen mehr als nur die

Kinder. Es geht um die Schwachen, Hilflosen und in unserer Gesellschaft verdrängten Menschen. Ihnen darf kein Leid angetan werden. Auf sie hat jede Kirchenleitung zu hören. Denn auch die Kirchen haben in ihren konfessionellen Kämpfen Menschen zu Opfern gemacht. Der Dreißigjährige Krieg ist und bleibt ein böses Beispiel. Ökumene hat zu heilen, da das Heil der Menschen für Jesus im Vordergrund steht. Es ist alles in seinem Namen zu tun, um die Verwirrten und Verletzten wieder gesund zu machen. Dabei ist es gleichgültig, ob der Heilende evangelisch, orthodox, katholisch oder sogar ausgetreten ist. Hauptsache, der Kranke wird heil. Ökumene im Namen Jesu heilt, besonders die Wunden, die die Kirchen selbst geschlagen haben.

© Nik Ebert, Römische Kettenreaktion, in: Goldene Brücken bauen zum Du, hg. von Klaus Hurtz, B. Kühlen Verlag Mönchengladbach 2019.

Ökumene und Kunst

Ich packte die letzten Sachen aus der Sakristei unserer Kirche. Kelche, Schalen und Monstranzen mussten in den Koffer. Sie hatten hier keine katholische Zukunft mehr. Wir übergaben die Kirche der griechisch-orthodoxen Gemeinde, die sie vor einigen Jahren gekauft hatte. In kleinen Schritten veränderte sie ihr Gesicht. Die ehemals kahlen, weißen Kirchenwände sahen plötzlich bunt aus. Die Orthodoxen hatten begonnen, die Kirche in ihrem Stil mit Ikonen auszumalen. Heilige und Engel bewachten jetzt die Gemeinde. Leise schlich ich mich mit meinem vollen Koffer davon.

Durch das Ausräumen bin ich wieder mit der Orthodoxie konfrontiert worden. Sie wird allzu schnell in der Ökumene vergessen. Vor vierzig Jahren hatte ich an der Uni Münster ein Seminar zu dem Thema belegt. Für meine Promotion brauchte ich unbedingt einen „Schein" in Kirchengeschichte. Ich studierte das Vorlesungsverzeichnis rauf und runter. Endlich fand ich ein Thema, das mich ein bisschen reizte: Geschichte und Theologie der Ikonen. Von Ikonen hatte ich damals schon einmal gehört, mich aber nie damit beschäftigt. Auf jeden Fall fand ich nichts Besseres, und ich belegte grummelnd die Veranstaltung, um den Schein zu bekommen.

Als ich jetzt meine Unterlagen durchstöberte, fand ich weder Referat noch Protokolle. Dagegen erinnerte ich mich genau an die Eindrücke von damals. Gefühle bleiben eben länger haften. Während der Seminarsitzungen schwärmte der orthodoxe Professor regelmäßig von einem russischen Schriftsteller, dem es um ein wundersames Engelbild ging. An dem könne man angeblich lernen, was

Orthodoxie ist. Immer wieder kam der Professor darauf zu sprechen. Daran dachte ich jetzt die ganze Zeit. Nur der Name des Autors und der Titel der Novelle fielen mir nicht ein. Ich strengte mich an, mein Gedächtnis blockierte. Allzu gerne hätte ich die Engelgeschichte noch einmal gelesen. Mein Gehirn jedoch verweigerte seinen Dienst. Das lebhafte, ständig wiederholte Plädoyer des Professors hatte ich im Ohr. Doch die Geschichte und der Autor blieben verschwunden. Ich versuchte, mir Brücken zu bauen. Die mir bekannten russischen Autoren ging ich durch: Tolstoi, Dostojewski, Gogol und Tschechow. Nach meinem Engel fahndete ich vergebens.

Wochen vergingen, ohne dass ich einen Einfall gehabt hätte. Eines Morgens hatte ich beim Erwachen einen Traum. Ein Engel trat auf mich zu und nahm mich an die Hand. Behutsam führte er mich zu meinem Bücherregal. Dann bat er mich sanft, unter dem Buchstaben „L" zu suchen. Ich rieb mir die Augen und noch vor dem Duschen stand ich in meinem Arbeitszimmer, genau vor den Büchern, deren Autoren mit „L" anfingen. Obwohl sie ziemlich unten eingeordnet waren, fielen mir sofort drei Bände von einem Nikolai Lesskow* auf, die ich bisher übersehen hatte. Ich nahm einen Band in die Hand, der Schutzumschlag war brüchig und eingerissen. Dann blätterte ich und stellte fest, dass die Ausgabe über vierzig Jahre alt war. Während des Zusatzstudiums muss ich sie mir gekauft haben, wahrscheinlich weil der Professor Lesskow wärmstens empfohlen hatte. Sofort entdeckte ich im Inhaltsverzeichnis, was ich suchte: Der versiegelte Engel. Das musste die Novelle sein, die der Professor be-

* Nikolai Lesskow, Gesammelte Werke I, München 1963

wundert hatte. Endlich zeigte sich der Engel, endlich wusste ich, was mir beim Auszug mit dem gepackten Koffer durch den Kopf gegangen war. Nach dem Frühstück setzte ich mich hin und las, bis mich der Engel richtig gepackt hatte. „Immerdar steht mir das verklärte himmlische Leuchten seines Antlitzes vor Augen: Sein Blick ist sanft und mild, an den Ohren hat er ein weißes Band zum Zeichen, daß er jeden Laut dieser Welt vernimmt; sein Kleid ist wie mit Flammen durchwirkt; seine Rüstung ist gefiedert; die Schultern sind mit eisernen Harnischen bedeckt; das Bild des Jesusknaben ziert seine Brust, die Rechte hebt das Kreuz, die Linke schwingt das Flammenschwert. Ein Wunder, fürwahr ein Wunder!" Solch ein Wunder hat einen geistlichen Hintergrund. „In alten Zeiten beteten und fasteten die Künstler, bevor sie sich gottesfürchtig an ihr frommes Werk machten; sie fragten nicht nach Geld, denn sie lebten nur dem Hehren ihrer Kunst." Sie malten die Ewigkeit. Ihre Kunst ist eben ein frommes Tun, und Ikonen sind keine Produkte für den Tag, sondern Zeugen der Ewigkeit. Im Gebet entstanden, leiten sie zum Gebet an. Nach der Lektüre wusste ich wieder, was ich vor vierzig Jahren gelernt hatte. Ikonen führen den Menschen zur Ewigkeit Gottes. Zum Himmel begleitet uns der Engel. Ich hatte begriffen. Die bunten Bilder an den Wänden unserer ehemaligen Kirche sind mehr als schmückende Tapeten, sie weisen den Menschen auf das ewige Heil hin. Die Orthodoxie und ihre Ikonen gehören zusammen, weil sie die Herrlichkeit Gottes auf der Erde gegenwärtig machen und – anders als Wort und Sakrament – die Größe Gottes verkünden.

Martinus und sein Teufel

Ich war wieder einmal umgezogen. Die Bücherregale standen und die meisten Bilder hingen. Über dem Chaos des ungeordneten Schreibtisches schaute ich auf Martin Luther. Der Holzschnitt war einem Gemälde von Lukas Cranach nachempfunden. Kurz nach der Wende hatte ich den Lutherdruck in Eisenach als Souvenir gekauft. Seitdem begleitet mich das breite Gesicht mit dem fetten Doppelkinn. Die schmalen Lippen bleiben verschlossen, während offene Augen mich beobachten. Das Haar kräuselt sich, und der offene Kragen des Talars ist hochgeschlagen. Darunter trägt der Reformator ein geschlossenes Hemd. In der neuen Wohnung hatte ich die Grafik wieder in meinem Arbeitszimmer aufgehängt. Bei jeder Predigtvorbereitung mahnt mich der Reformator, die Bibel nicht zu vergessen. Einige Wochen nach dem Umzug lud ich meine neuen Nachbarn ein, um sie kennenzulernen. Zufällig wohnte ein paar Häuser weiter ein evangelischer Schulpfarrer. Als wir auf die neue Nachbarschaft anstießen, fügte er seinem Prosit einen nachdenklichen Satz hinzu: „Ein Lutherbild habe ich bisher noch nie in einem katholischen Pfarrhaus gesehen." Er blieb der Einzige, der je in meinem Arbeitszimmer das Porträt Martin Luthers wahrgenommen hat. Selbst den Weihbischöfen, die mich visitierten, fiel es nicht auf.

Zwanzig Jahre später besuchte ich wieder Eisenach. Fast nur noch Kitsch wurde als Souvenir angeboten, und die Holzschnitte waren verschwunden. Wahrscheinlich suchte ich im Shop zu kritisch nach einem Andenken, denn ich wurde von einem Mann angesprochen, der seine langen, grauen Haare zu einem Pferdeschwanz zusammengebunden hatte. „Suchen Sie einen Luther? Ich habe seinen Teufel“, scherzte er. „Seinen Teufel?“, skeptisch kam ich ins Gespräch. Der Mann war ein Eisenacher Künstler*, der sich auf seine Weise mit Martin Luther beschäftigt hatte. Er erklärte mir seine Zeichentechnik. Seine Motive findet er schnell. Sie stecken in alten Hölzern und brauchen nur an die Oberfläche geholt zu werden. Dazu nimmt er ein Blatt Papier, legt es auf das Holz und reibt mit einem Grafitstift die Struktur ab. So erscheinen Bilder, die sich hinter den jahrhundertealten Linien versteckt haben.

Jetzt wollte ich erst recht wissen, was seine Kunst mit dem Teufel Martin Luthers zu tun hatte. Als der Künstler einmal vor dem Tor der nahegelegenen Wartburg stand, erinnerte er sich und es fiel ihm wie Schuppen von den Augen: Martin Luther wird an das Holz geklopft haben, um Einlass zu bekommen. Schließlich war er auf der Flucht vor dem Kaiser und musste ein sicheres Versteck finden. Doch nicht nur er verschwand unbemerkt in die Burg. „Ich zeichnete und bearbeitete mit meinem Stift das Holz, kein Luther zeigte sich auf meinem Papier. Einen Unsichtbaren holte ich aus der knorrigen Oberfläche der Pforte heraus.“ Die Geschichte wurde spannend. „Mein Papier entdeckte den Teufel, der genauso wie der Kaiser hinter Martinus her war. Ohne den finsteren Gesellen wahrzunehmen, hatte der Pförtner ihn mit hereingelassen. Wie die Geschichte weiterlief, wissen Sie. In der Burg quälte der Satan die Seele des armen Mönches genüsslich weiter, bis es Martinus reichte! Als der Teufel dem frommen Bruder vorgaukeln wollte, es nütze nichts, die Bibel ins Deutsche zu überset-

---

* Volker R. Hedwig, Der Teufel und sein Martin, edition wasserturm 2013

zen, weil jeder Mensch sowieso verdammt sei, schnappte sich Martin sein Tintenfass und warf es mit voller Wucht gegen den Teufel. Der Wurf verfehlte den Pferdefüßler. Er haute wütend ab, und trotzdem hinterließ er seine Spur. Meinem Zeichenstift ist der Satan nicht entkommen." So beendete der Künstler seine Teufelsgeschichte. Es entstanden weitere Frottagen, die eine dämonische Gestalt entlarvten. Der Teufel war bei Luther gewesen. Im Gespräch mit dem Künstler wurde mir klar, dass meinem Martinus der Teufel fehlte. Ohne lange zu überlegen, kaufte ich bei ihm einen Wartburger Teufel und hängte ihn neben Martinus. Sein gehörntes, längliches Gesicht mit einer schmalen Nase und Ohren, die weit abstehen, um überall das Böse zu hören, schaut mich täglich an. Mit den angedeuteten Schlitzaugen verweigert der Teufel einen Einblick in seine Seele. Trotzdem ängstigt er mich nicht, weil er Martins Teufel ist, nicht meiner. Dennoch weiß ich, dass er auch hinter mir her ist. Teufel bleibt Teufel.

Der Teufel ist in meinem Arbeitszimmer angekommen oder besser, er hat seinen Martin wiedergefunden. Das nach ihm geschmissene Tintenfass in der Wartburg hatte dem Teufel gezeigt, wie sein Martin furchtlos mit ihm umsprang. Sein Teufel konnte ihm nichts mehr anhaben. Wir aber müssen weiter höllisch aufpassen. Schließlich arbeitet der Satan ökumenisch.

Es bleibt die Frage: Was ist an unseren Kirchenportalen alles verborgen? Welche Paare der Kirchengeschichte offenbaren sich im Holz, wenn sich nur ein Zeichner ihrer mutig annimmt? Gut, dass der Petersdom und die Wittenberger Schlosskirche Bronzeportale besitzen. An ihnen ist nichts abzuzeichnen. Übrigens, auch der Teufel ist den Weihbischöfen bei der Visitation nie aufgefallen.

Die evangelische Madonna

Die gekrümmte Magd Laurentia war weit durch das Tal gehumpelt, um endlich einmal vor dem berühmten Marienbild zu knien. Ihre Bäuerin hatte viel davon erzählt, und sie hatte schon wundersame Geschichten gehört. Viele schworen auf diese Maria. Jetzt stand Laurentia vor dem Altar des Innsbrucker Doms. Die Mittagssonne schenkte das notwendige Licht und beleuchtete das glänzende Gold mit den Puttenköpfen, die die gemalte Maria einrahmten. Mühsam fiel die alte Frau auf ihre kaputten Knie. Aufgeregt suchte sie nach dem Rosenkranz in ihrer Schürze und fand ihn nicht. Trotzdem begann sie mit dem ersten Ave, das ihr gar nicht wie sonst flüssig von den Lippen ging. Laurentia betete und bewunderte das Gemälde, welches oben in der Höhe schwebte.

Wie zärtlich trägt die junge Mutter ihr Söhnchen auf dem Arm, dachte sie, die auf dem Hof anderes gewohnt war. In der Bauernstube ging es nicht so innig zu. Die Bäuerin schnappte sich ihren Nachwuchs und stillte ihn, während sie den Mägden kurz angebunden neue Anweisungen gab. Ihre vier Kinder wurden rau erzogen, um sie nur nicht zu verweichlichen. Dagegen strahlt das Gemälde eine für Laurentia unbekannte Nähe zwischen Mutter und Kind aus. Ihrem Kind, das sie nie bekommen hat, hätte sie solch eine Herzlichkeit gegönnt. Keine erzieherische Gewalt ist zu spüren. Der Knabe thront auf dem linken Arm der Frau. Nackt und hilflos, wie er ist, kann ihm keiner mehr Sicherheit bieten als die Mutter. Es ist eine hübsche Frau, die sich ganz ihrem Neugeborenen zuneigt. Mit ihrer rechten, feingliedrigen Hand umarmt sie ihn. Ihre Finger sind viel zu schlank, um jemals ihren Sohn zu schlagen. Laurentia schaute auf ihre abgearbeiteten Finger, zerschürft, rissig, angeschwollene Glieder mit den ersten Rheumaknoten. Das Kind auf dem Bild streckt Ärmchen und Wange sehnsüchtig dem Gesicht der Mutter zu. „Ich möchte dich küssen", scheint es sich zu wünschen. Das Verlangen, sich den Lippen der Mutter zu nähern, erkannte die abgearbeitete Frau, obwohl sie betete. Vielleicht flüstert das Kind tatsächlich diesen Satz, ohne sich an die Gesetze der Sprachentwicklung zu halten. Denn es ist zu klein, um der Sprache der Liebe mächtig zu sein. Aber die schöne Mutter zeigt ihr offenes Ohr. Die langen blonden Haare hat sie bewusst zurückgeschoben, damit ihr Ohr jedes Flüstern versteht. Locker und weich wallt das füllige Haar über die Schulter der jungen Frau. Eine Art durchsichtiger Schleier weht über die Köpfe von Kind und Mutter. Das Tuch ist nur ein Hauch, der die Schönheit der Frau unterstreicht. Nichts soll verhüllt, nur ihre liebevolle Beziehung enthüllt werden. Mutter und Kind sind eines Geistes. Die Frau trägt ein tiefblaues Kleid mit einem angedeuteten Dekolletee, das von einer schmalen Halskette geziert wird. Solch ein Schmuckstück, mit einem goldenen Kreuz als Anhängsel, kannte Laurentia von ihrer Bäuerin, wenn diese sich sonntags zum Kirchgang fertig machte. Unandächtig verglich Laurentia weiter. Das Kleid der jungen Mutter hätte nie zu ihrer stämmigen Bäuerin gepasst. Erst recht wäre der rote Umhang bei deren Sonntagsstaat unschicklich gewesen. Wuchtig, mit Falten bauschen sich die Ärmel auf, um die zarten Hände der Frau frei zu lassen, damit sie ihr Menschenkind tragen kann. Nun erst bemerkte Laurentia, dass weder Heiligenschein noch Krone die Mutter krönen. Doch sie braucht die üblichen Attribute nicht. Auch ohne Krone musste sie die

Mutter Gottes sein. Ganze Dörfer wallfahrteten zu dieser Madonna, der „Maria Hilf", und Wunder über Wunder hatte sich ereignet. Für sie war die gekrümmte Magd doch schließlich nach Innsbruck gepilgert. Aber vielleicht war das gerade die Pointe des Gemäldes. Eine irdische Szene wird himmlisch aufgeladen. Jetzt sah die alte Frau das Augenspiel der jungen Frau. Trotz ihrer innigen Verbindung mit ihrem Sohn blickt sie in die Kirche. Die Beterinnen und Beter in den Bänken fühlen sich angeschaut und sind gemeint. Laurentia konnte den Augen der schönen Frau nicht ausweichen. Genau an der Stelle, wo sie kniete, traf sie ihr Blick, der ihr Mitgefühl und Hilfe versprach. Es war, als ob die junge Frau mit ihr redete. „Ich kenne dein Anliegen, liebe Laurentia, und ich werde dir helfen." Und die alte Frau war überzeugt: Wer mich so anschaut, lässt mich nie im Stich.

Was Laurentia nicht wissen konnte und auch nicht wissen musste, das Bild war ursprünglich eine evangelische Madonna. Einige Jahre nach dem Thesenanschlag Martin Luthers hatte der sächsische Kurfürst beim Hofmaler Lucas Cranach ein Marienbild bestellt. Es sollte schon den reformatorischen Ideen entsprechen und nichts mehr mit der katholischen Himmelskönigin zu tun haben. Der Maler hatte sich dem Protestantismus angenähert und seine Kunst in den Dienst seines Freundes Martin Luther gestellt. Alles, was nach dem Reformator auf eine falsche Verehrung hinwies, musste das Atelier Cranachs verwerfen. Mit Luthers Ideen wandte sich der evangelische Fürst an Künstler. Ihm blieb nur der Rückgriff auf die menschliche Mutterschaft übrig. Maria, die junge Frau und Mutter, und Jesus, das schutzsuchende Kind, waren eine Möglichkeit, eine neue Art der Darstellung zu entwickeln und

Luthers Lehre treu zu bleiben. Auf diese Weise entstand ein Marienbild, das dem reformatorischen Geschmack entsprach. Dem Dresdner Fürsten gefiel das Bild, und er hängte es stolz in seinem Kabinett auf.

Eines Tages erwartete der evangelische Hof katholischen Besuch. Der Erzherzog von Österreich, der gleichzeitig Erzbischof von Passau war, machte sich in diplomatischer Mission auf den Weg nach Dresden, um dort dem Kurfürsten seine Reverenz zu erweisen. Dieser suchte nach einem passenden Geschenk, damit sich jener bei ihm wohl fühlte. Ihm kam die Idee, der Erzherzog solle selbst sich sein Geschenk aussuchen. Als frommer Katholik wünschte er sich nur eins: das Mariengemälde von Cranach. Versprochen war versprochen. Sofort ließ sich der Marienverehrer das Bild einpacken und verstaute es in seiner Kutsche. Auf diese Weise kam Cranachs Gemälde nach Passau. Da der Erzbischof eines Tages heiratete und sich in seine Stammlande nach Innsbruck zurückzog, nahm er das Cranachbild mit. Sein Sohn stiftete es später der Innsbrucker Stadtpfarrkirche, die heute der Dom ist. Kurz vor der Stiftung war der Dreißigjährige Krieg zu Ende gegangen. Endlich herrschte wieder Friede überall im Land. Aus Dankbarkeit versammelten sich die Innsbrucker vor dem Marienbild ihrer Pfarrkirche. Die Maria von Cranach war die richtige Adresse. Wer heil den grausamen Gemetzeln des Krieges entkommen war, musste dankbar beten. Seitdem riss die öffentliche Verehrung des Bildes nicht mehr ab. Die Kirche, jetzt „Maria hilf von Innsbruck“ genannt, wurde die bedeutendste Wallfahrtsstätte Tirols. Damit war die evangelische Maria katholisch geworden. Eigentlich war sie gar nicht konvertiert, sondern sie hatte sich einfach den katholischen Bräuchen angeschlossen. Den Tirolern war es gleichgültig, dass ihre ‚Maria hilf' einst evangelisch getauft worden war. Fast jede Dorfkirche wollte ihre eigene ‚Maria hilf' haben. Eine Kopie nach der anderen entstand. In Österreich und in Süddeutschland ist die „Maria hilf von Innsbruck" das Vorbild für viele Marienbilder. Die evangelische Taufe hat ihr nicht geschadet. Die Madonna von Innsbruck ist eine große Ökumenikerin, die sich als Protestantin nicht scheut, ihren katholischen Verehrern zu helfen. Sie überwindet konfessionelle Gräben und nimmt gerne an der Bischofsmesse im Innsbrucker Dom teil. Zu kommunizieren braucht sie nicht, da sie ihren Sohn Jesus auf dem Schoß hält.

Von all dem ahnte die fromm-katholische Magd Laurentia nichts, als sie versunken vor dem Bild um göttliche Hilfe bat. Maria versprach, ihr zu helfen. Anderes interessierte Laurentia nicht. In dieser Überzeugung betete Laurentia weiter und humpelte dann nach Hause.

Ein gemaltes Sprichwort

Die evangelisch getauften Eltern des Malers Peter Paul Rubens wurden in der Zeit der spanischen Inquisition aus dem katholischen Antwerpen vertrieben. Dort passten keine Reformierten hin. Sie flohen ins protestantische Siegen, wo Peter Paul zur Welt kam. Der Junge wuchs in einer wilden Zeit heran, in der Reformation und Gegenreformation Terror über sein Land brachten. Jahre später kehrte Familie Rubens, inzwischen katholisch geworden, in ihre Heimatstadt zurück.

Ein Gemälde von Rubens verbinde ich mit der Tragödie jener Zeit. Darauf malte der Künstler ein Motiv aus der Antike. Eine nackte Frau sitzt zusammengekauert auf der Erde. Zu ihren Füßen hockt sich ein entblößter Knabe. Hinter den beiden tritt ein kräftiger Mann aus einem undurchdringlichen Wald hervor. Er hebt sich kaum vom dunklen Hintergrund ab. Der Titel des Gemäldes identifiziert die schöne Frau mit der Göttin Venus. Wie der Titel weiter verrät, scheint sie zu frieren. Mit ihrem Sohn Amor kauert sie auf dem Boden. Der kleine Liebesgott hat den Köcher mit seinen Pfeilen abgelegt. Sein Verlangen, der Liebe nachzujagen, ist ihm in der Kälte vergangen. Wärmenden Schutz sucht er unter einem hauchdünnen Schal seiner Mutter, den sie ausgezogen hat. Beide frieren sie, zumal Venus ihren roten Samtmantel abgelegt hat. Ihre Lippen könnten bibbern, ihre Augen spähen verzweifelt aus dem Bild heraus, ihr Rücken wirkt unterkühlt. Nach der antiken Sage taucht aus dem dichten Gestrüpp ein Satyr auf, ein Mischwesen aus Mann und Ziegenbock. In seinen Händen hält er ein mit Trauben und Ähren gefülltes Horn. So bringt er der frierenden Venus Früchte des Feldes und des Weinbergs. Über seine Familie kommt er leicht an die Ernte. Denn er ist ein Gefolgsmann von Bacchus, dem Gott des Weines und der Fruchtbarkeit. Dessen Gattin Ceres, die Göttin des Ackerbaus, ist seine Mutter. Nach den Kostbarkeiten der Erde wird die schöne Venus gerne greifen, hofft der Satyr. Denn neben der Kälte macht ihr wahrscheinlich der Hunger zu schaffen. Wer kein Brot zu essen und keinen Wein zu trinken hat, der friert und es gedeiht keine Leidenschaft. Deshalb will der lüsterne Satyr mit alltäglichen, aber köstlichen Geschenken die hungernde Göttin verführen. Sie jedoch wendet sich ab und würdigt den Götterboten keines Blickes. Düstere Wolken ziehen am Himmel auf und künden ein Unwetter an. Aus einem heiteren Liebesspiel wird nichts. Hinter der Szene verbirgt sich laut Interpretation ein römisches Sprichwort: Ohne Bacchus und Ceres friert Venus. Ohne Brot und Wein friert die Liebe.

Als ich das Gemälde in einer Ausstellung betrachtete, fesselte mich die einfache Weisheit. Dabei überging ich die Verführungsspiele des geilen Satyrs. Seine Liebesglut interessierte mich nicht. Das Füllhorn mit Brot und Wein machte mich auf eine andere Geschichte aufmerksam, die unabhängig von antiken Motiven spielt. Brot und Wein standen auf dem Tisch des letzten Abendmahles. Die Gaben der Schöpfung verwandelte Christus. In ihnen wird göttliche Gnade greifbar. Für ihn ist der Ort Gottes die Erde, nicht nur der Himmel. Deshalb bedarf seine Geschichte keiner wollüstigen Mischwesen. Um Gottes Liebe geht es, nicht um Erotik. Dafür genügen alltägliche Lebensmittel auf dem Tisch, die mit den Händen zu greifen sind.

Nach wie vor tun sich die Bischöfe schwer, Brot und Wein des Herrn an evangelische Christinnen und Christen austeilen zu lassen. Sie haben an der katholischen Kommunionbank nichts zu suchen. Schon verdunkelt sich der Himmel und legt sich Frost über die ganze Feier. Eiseskälte lässt alles erfrieren, was vorher die Gebete und Gesänge erwärmt haben. Mag das Sprichwort des Gemäldes aus der Antike stammen, auf den Abendmahlsstreit der Konfessionen lässt es sich übertragen. „Ohne Brot und Wein friert die Liebe." Brot und Wein brauchen die Gemeinden, um die Liebe warm zu halten. Selbst im Museum fröstelte ich vor dem Bild, als ich an die vielen ökumenischen Gottesdienste dachte, die ohne Brot und Wein auskommen mussten. Da blieb der Magen leer. Es gab keinen einzigen Bissen und keinen einzigen Schluck, um ihn zu füllen. Deshalb erkälteten sich die Mitfeiernden. Ich ging oft verschnupft nach Hause. Dagegen ist Gottesdienst im Sinne Jesu Christi warmherzig. Sein Brot und sein Wein vertreiben den Frost, den Venus und Amor in ihrer Götterwelt gespürt haben. Keiner braucht zu frieren, solange alle davon kosten dürfen.

Obwohl sich die Götter zur Zeit Rubens' längst zurückgezogen hatten, machte er aus dem römischen Sprichwort ein Gemälde. Mögen es Kunsthistoriker erotisch interpretieren, ich erfahre in ihm einen ökumenischen Impuls. Seit Rubens' Zeit sind einige hundert Jahre vergangen. Die Glaubenskriege sind eingestellt, aber Brot und Wein fehlen nach wie vor in der katholischen Kirche für die sogenannten Andersgläubigen. Deshalb bleibt es in manchen Gotteshäusern kalt, und viele Christinnen und Christen frieren bis heute.

Und immer das Abendmahl …

Im Urlaub überkommt mich manchmal die Lust, ganz ohne dienstliche Verpflichtung einen Sonntagsgottesdienst mitzufeiern. In Norddeich hatte ich bisher keine Kirche entdeckt, aber in der Stadt Norden gruppieren sich drei Gotteshäuser um den Markt herum. Sofort fällt die stolze Ludgerikirche auf, gegenüber treffen sich die Mennoniten und ein wenig abseits versteckt sich St. Ludgerus. Sonntags feiern in allen drei Kirchen die Gemeinden fast zur gleichen Zeit ihre Gottesdienste. Nur die Katholiken in St. Ludgerus dürfen eine halbe Stunde länger schlafen. Sonntagsmorgens schwebt ein gottesdienstlicher Geist über den Markt.

Ich entschied mich für die lutherische Ludgerikirche, weil sie mit ihrer berühmten Arp-Schnitger-Orgel einen musikalischen Genuss versprach. Ihren besonderen Klang wollte ich einmal hören. Vor ihrem Portal begrüßte mich eine strohblonde Pfarrerin in ihrem düsteren Talar. Lächelnd überreichte sie mir ein Gesangbuch. Sie ahnte nicht, dass ich, wenn überhaupt, katholisch mitsang. Da ich früh genug gekommen war, las ich mir die Geschichte der Kirche in einem kleinen Führer durch. Im Licht der Sonne wanderten meine Augen durch das hohe Kirchenschiff bis zu einem klassischen Flügelaltar, dessen Seiten aufgeklappt waren. Doch statt farbenfroher, detaillierter Figuren entdeckte ich nur altdeutsche Buchstaben. Mit Hilfe des Kirchenführers entzifferte ich sie:

VUNSE HERE IHESVS CHRISTVS INDER NACHT, DO HE VORRADEN WART, NAM HE DAT BRODT, DANCKEDE VND BRACK IDT, VUND GAFF IDT SINEN IVNGERN VN SPRACK: NEMET

HEN VND ETHETE, DAT IS MYN LYFF DAT VOR IVW GEGEVE WERT, SYLCKES DOTH THO MYNER GEDECHTNISSE.

Auf der Tafel stand der Abendmahlsspruch. Sie wurde zur Gedächtnisstütze für die Pfarrerin und zur Kontrolle für die Gemeinde. Über den ungewohnten Schriftaltar vergaß ich die Orgel, die den Eingangschoral intonierte.

Der Altar verriet den innerevangelischen Abendmahlsstreit zwischen Calvinern und Lutheranern, der erst in der Mitte des vergangenen Jahrhunderts gelöst worden ist. Vor Luther und Calvin war er ein typisch gotischer Altar, dessen Schnitzwerk Szenen aus dem Leben Mariens präsentierte. Über Nacht kam die Reformation. Sie begann in der Ludgerigemeinde streng calvinistisch. Alle Bilder verschwanden aus der Kirche. Besonders heftig traf es den Marienaltar. Von den prachtvollen geschnitzten Figuren blieb nichts übrig. Nur die leere Altarwand stand noch im Chor. Doch selbst die Leere störte die Reformierten, sobald sie Abendmahl feierten. Ein paar Jahrzehnte nach dem Bildersturm überlegten sie sich eine Lösung. Weil für sie das Wort Gottes an oberster Stelle stand, ließen sie die Tafeln künstlerisch beschriften. Zum Altartisch gehörten die Abendmahlsworte. Die Schrift ersetzte das Bild.

Zwei Jahre später eroberten die Lutheraner Ludgeri zurück. Mit der Schrift auf dem Altar freundeten sie sich nicht an. Deshalb verfielen sie auf eine simple Idee. Sie klappten die Tafeln zu und verriegelten sie mit einem Schloss. Nach über zweihundert Jahren wurden sie geöffnet, aber die Lutheraner konnten mit dem strengen Schriftbild immer noch nichts anfangen. Kurzerhand beauftragte das Presbyterium einen Maler, Gemälde mit biblischen Szenen zu malen. Ein Bild des Abendmahles hängte man genau vor die Altartafel und seither bestimmte es den Gottesdienst. Statt vor dem Bibelwort feierte die Gemeinde ihr Abendmahl jetzt vor den zwölf Aposteln, die sich um einen weiß gedeckten Tisch scharen. In ihrer Mitte sitzt Jesus und segnet Brot und Wein. Im 20. Jahrhundert musste der Altar restauriert werden. Die Restauratoren nahmen das Gemälde ab, und sie staunten über die calvinistische Schrifttafel. Für die Denkmalpfleger gab es kein Halten mehr. Das Zeugnis reformierter Tradition musste unbedingt geschützt werden. Deshalb bestanden sie darauf, das Gemälde grundsätzlich abzuhängen, die goldene Schrift der Tafeln zu säubern und neu zu fassen. So geschieht es, dass heute Lutheraner vor einem calvinistischen Altar Abendmahl feiern, wohl wissend, dass der Abendmahlsstreit zwischen diesen Bekenntnissen längst beigelegt ist. Dank der Leuenberger Vereinbarung laden heute die Calviner die Lutheraner und umgekehrt die Lutheraner die Calviner ein, an den Tisch des Herrn zu treten.

Die Pfarrerin war inzwischen bei der Predigt angelangt. Ich habe davon nichts behalten, da mich die Abendmahlskonflikte beschäftigten. Was Lutheraner und Calviner für sich und andere Kirchen gelöst haben, ist zwischen Katholiken und Protestanten bis heute ungelöst. Die Botschaft des Schriftaltars lud mich ein, mit der Gemeinde Abendmahl zu feiern. Ich freute mich darauf. Aber ich erinnerte mich an den Gottesdienstplan. Dort hatte ich gelesen: „Wir feiern das Abendmahl nur am ersten Sonntag im Monat." Heute war der letzte Sonntag. Also blieb der Altar leer, trotz seiner schriftlichen Einladung. Der Schlusschoral auf der Orgel stimmte mich traurig. Hungrig eilte ich aus der Kirche und erwiderte kurz angebunden den Abschiedsgruß der Pfarrerin.

Blitzartig überkam mich eine Idee. Die Kirchturmuhr schlug 11. Die Katholiken in St. Ludgerus beteten sicher gerade das Vaterunser. Wenn ich mich beeilte, würde ich rechtzeitig zur Austeilung der Kommunion dort sein. Tatsächlich, als ich die katholische Kirchentür öffnete, lud der Pfarrer gerade zum Friedensgruß ein. Unter der Orgelbühne standen einige Männer, denen ich den Frieden aus Ludgeri weitergab. Sie merkten keinen Unterschied. Mit katholisch und evangelisch berührter Hand ging ich nach vorne, öffnete sie und der Kollege reichte mir das Brot Jesu Christi, als ob es so sein müsste. Die Schrift in Ludgeri lud mich nach St. Ludgerus ein. So könnte ich öfter Abendmahl oder Eucharistie feiern, an unterschiedlichen Orten, in unterschiedlichen Kirchen, auf unterschiedlichen Altären, aber mit den Worten, die auf dem Schriftaltar von Ludgeri festgehalten waren.

Leuenberger Konkordie – 1. Abendmahl
Im Abendmahl schenkt sich der auferstandene Jesus Christus in seinem für alle dahingegebenen Leib und Blut durch sein verheißendes Wort mit Brot und Wein. So gibt er sich selbst vorbehaltlos allen, die Brot und Wein empfangen; der Glaube empfängt das Mahl zum Heil, der Unglaube zum Gericht.
Die Gemeinschaft mit Jesus Christus in seinem Leib und Blut können wir nicht vom Akt des Essens und Trinkens trennen. Ein Interesse an der Art der Gegenwart Christi im Abendmahl, das von dieser Handlung absieht, läuft Gefahr, den Sinn des Abendmahls zu verdunkeln.
Wo solche Übereinstimmung zwischen Kirchen besteht, betreffen die Verwerfungen der reformatorischen Bekenntnisse nicht den Stand der Lehre dieser Kirchen.

Text: EKD

Ökumenische Märchen

Das Märchen vom treu-katholischen Johannes

Es war einmal der treu-katholische Johannes, der einer Gemeinde Jahrzehnte als Organist gedient hatte. Jedes Jahr traf er sich mit ehemaligen Kollegen zu einem Adventsfrühstück. Der weißhaarige Johannes war mit neunzig Jahren der Älteste der Runde. Mit seinem Leben zufrieden, hatte er sich in das Altenheim „Sonnenplatz" zurückgezogen. In Treue versäumte er kein Treffen. Heute war er stolz mit seinem Elektromobil angerollt.

Der alte Musiker erzählte leise und bescheiden, denn er war nie ein lauter Mensch gewesen. Selbstverständlich begleitete er im „Sonnenplatz" die Gottesdienste auf einem klapprigen Klavier. Nur altbekannte Lieder wurden gesungen. Trotz ihrer gebrochenen Stimmen sangen alle kräftig mit. Katholische und evangelische Gottesdienste wechselten sich ab, was ihm nichts ausmachte. Er spielte auch nach dem evangelischen Gesangbuch. Die letzte Adventspredigt des evangelischen Pfarrers hatte Johannes begeistert. „Der Herr Pfarrer gebrauchte eine so lebensnahe Erklärung", schwärmte er, „in der vergangenen Woche fragte er uns unvermittelt: Wisst ihr, wie das Lied ‚Macht hoch die Tür, die Tor macht weit' entstanden ist? Keiner wusste es. Deshalb griff der Prediger die Frage auf. Es war zu einem Advent, irgendwann und irgendwo. Plötzlich fing es an zu schneien. Der Schneefall wurde immer stärker. Weil die Schneeflocken so dicht fielen, sahen die Menschen auf den Straßen nicht mehr ihre eigene Hand vor Augen. Deshalb suchten sie Schutz unter dem Vordach der Kirche, deren Portale abgeschlossen waren. Das alles beobachtete der Küster in der Sakristei, und trotz des Schneesturms ging er hinaus, um die Kirchtüren zu öffnen. Fürsorglich lud er die durchgefrorenen Menschen ein. ‚Kommt herein. Hier ist jeder willkommen. Das Tor des Königs aller Könige steht offen'! Der Pfarrer, der von weitem alles gehört hatte, schlug später seinem Küster auf die Schulter und bedankte sich: ‚Ihr habt nicht nur die Menschen vor der Kälte und Nässe geschützt, ihr habt mir den ersten Vers für ein Lied geschenkt. Macht hoch die Tür, die Tor macht weit'. An seinem Schreibtisch entstand im Nu das ganze Adventslied, das wir alle heute so gerne singen, mit Schnee oder ohne Schnee."

Die Runde lauschte, Johannes hielt inne, das Wichtigste kam noch. Seine Körperhaltung rang um neue Aufmerksamkeit. Die Ohren der ehemaligen Kollegen gehörten ihm. „In dem Gottesdienst bot der Pfarrer auch das Abendmahl an. Ausdrücklich zum Advent, sagte er", Johannes sprach, als ob er sich entschuldigen müsste. Dabei wusste er genau, was er sagen wollte. „Ich habe ihn genau beobachtet. Er las den biblischen Text vom Abendmahl. Als er die Wandlungsworte sprach, faltete ich die Hände. Das ist mein Leib, er sagte die vier Worte so andächtig, so ehrfürchtig, so behutsam. Ich glaubte, da tut sich etwas auf dem Tisch. Solche Worte wird Gott doch nicht überhören, dachte ich." Seine kindliche Ehrfurcht vermittelte Johannes der Runde. „Genauso packte es mich, als er den Kelch hob, das ist mein Blut. Mir kamen die Tränen." Die Augen wurden bei dem altgedienten Organisten jetzt noch feucht. Zumindest sah es von der Seite so aus. Ohne Zweifel hatte ihn die Feier des Abendmahls gefesselt. Deshalb ließ er nicht locker und berichtete weiter. „Dann lud der Pfarrer alle ein, am Abendmahl teilzunehmen. Macht hoch die Tür, die Tor macht weit. Kommt und esst. Kommt und trinkt. Zuerst zögerte ich. Soll ich? Darf ich? Will ich? Ja, ich wollte! Ich bin nach vorne geeilt, obwohl ich gar nicht mehr richtig laufen kann. Ich habe mich eingereiht und mit Freude das Brot Christi gegessen. Auch der Kelch ist mir gereicht worden. Ein Kelch des Segens für mich. Ja, es war ein Segen, dass ich es getan habe. Fröhlich ging ich zum Klavier zurück." Es klang wie ein Bekenntnis ohne Schuldzuweisung. Als alter Mitarbeiter der katholischen Kirche kannte Johannes die kirchlichen Vorschriften. Daran hatte er sich immer gehalten, nur in dem einen Adventsgottesdienst nicht. Als frommer Mensch glaubte er fest daran, dass Christus ihn eingeladen hatte. Er ist für alle da, gleichgültig ob sie evangelisch oder katholisch sind. Der Gastgeber Jesus Christus deckte den Tisch, und er verweigerte sich nicht, als Johannes nach vorne gegangen ist. „Es war ein innerer Zwang", meinte er. „Ich musste aufstehen und zum Tisch des Herrn gehen." Nach diesem Satz atmete der alte Johannes tief durch, so sehr ging ihm das Ganze nach. Da war er ganz der Alte. Es war für ihn wie ein Märchen gewesen, ein ökumenisches Märchen, jenseits aller Vorschriften.

Macht hoch die Tür, die Tor macht weit,
eur Herz zum Tempel zubereit',
Die Zweiglein der Gottseligkeit
steckt auf mit Andacht, Lust und Freud;
so kommt der König auch zu euch,
ja Heil und Leben mit zugleich.
Gelobet sei mein Gott,
voll Rat, voll Tat, voll Gnad.

Georg Weißel 1642

Das Märchen von den himmlischen Gesängen

Es war einmal ein alter Pfarrer, der es sich spätabends am ersten Advent bequem machte. Beim Schein der Adventskerze ließ er den Sonntag an sich vorüberziehen. Am Morgen hatte in der Messe der berühmte Trinity College Choir aus Cambridge gesungen. Er war auf Tournee durch das Rheinland. Bevor er nach Hause zurückkehrte, wollte er in der Marktkirche den Sonntagsgottesdienst mitfeiern. Ohne Werbung hatte es sich herumgesprochen. Um 10 vor 10 gab es keinen Sitzplatz mehr. Nachdem die Sängerinnen und Sänger in ihren Roben eingezogen waren, warteten viele wie in der Rheinoper auf das Zeichen des Dirigenten. Mit dem Kyrie begann die kleine Orgelmesse von Haydn.

Noch abends erklangen die Stimmen im Ohr des alten Pastors. Mit aufgeschlossenen Herzen hatten die Menschen zugehört und so den Gottesdienst mitgefeiert. Von der Stimmung profitierte selbst seine Predigt. Je länger er am Ende des Tages Bilanz zog, desto mehr war er davon überzeugt, einen Gottesdienst gefeiert zu haben, der das verwirklichte, was Liturgie sein wollte. In ihr schenkt Gott den Menschen das Heil.

Als ökumenisch gesonnener Priester hatte er um die anglikanische Konfession der meisten Mitglieder des Chores gewusst. Für ihn war es deshalb selbstverständlich, im Hochgebet der anglikanischen Kirche zu gedenken. „Gedenke deiner Kirchen auf der ganzen Erde, besonders der anglikanischen Kirche. Vollende sie in der Liebe und führe alle Kirchen zusammen. Wir sind vereint mit dem Bischof von Rom, unserem Papst, dem Erzbischof von Canterbury und York, allen Bischöfen und mit allen Frauen und Männern, die zum Dienst in den Kirchen bestellt sind." Der Pfarrer kannte keine Gebetsängste. Wer den Wunsch nach Einheit der Kirchen ernst meint, darf die Fürbitte für die Amtsträger nicht vergessen. Die Adventskerze flackerte. Die Mitbrüder hätten ihn heftig kritisiert und darauf hingewiesen, dass die Bitte im Hochgebet für römisch-katholisch geweihte Amtsträger reserviert sei, wie es schwarz auf weiß in einer ökumenischen Verlautbarung stand. Einerseits verunsicherte die Kritik den Pfarrer, andererseits fühlte er sich mit den anglikanischen Geschwistern durch die Taufe verbunden.

In seiner abendlichen Gewissenserforschung erinnerte er sich an seine Hochstimmung, die von dem außergewöhnlichen Gottesdienst ausgegangen war. Wie selten sonst hatte die versammelte Gemeinde Gott gepriesen und gelobt! Aber wahrscheinlich musste er eine weitere kirchenrechtliche Verfehlung bekennen. Im Überschwang seiner Gefühle hatte er alle, die an der Messe teilnahmen, zur Kommunion eingeladen. Schon während des Wortgottesdienstes war ihm klar geworden, das Herrenmahl gehörte unbedingt zur ganzen Feier. Wie keiner vom Hören, Singen und Beten ausgeschlossen war, so durfte seiner Meinung nach keiner vom Essen ausgeschlossen werden. Bei den Wandlungsworten hatte er es ausdrücklich betont: „Und esst *alle* davon." War es trotzdem ungehorsam, als er mühsam auf Englisch die nicht vorbereitete Einladung gestammelt hatte? Sicher hätte sie jeder Englischlehrer streng korrigiert. „I … want … to invite all … Holy Communion … Alle, die mitfeiern …" Wie hätte er ahnen können, dass diese Eucharistiefeier für ihn zur Einheits-Erfahrung wurde. Nein, er hatte es vorher nicht eingeplant, die Anglikaner zum Tisch des Herrn zu bitten. Die Musik hatte alles verändert. So viel Ehrfurcht, so viel Ernst, so viel gesammelte Teilnahme, das sprach in dem Moment für eine „volle Gemeinschaft" aller Mitfeiernden, und die Chormitglieder traten geschlossen an den Tisch des Herrn.

Der Geistliche besaß ein feines Gewissen, das vor dem Adventskranz nachbohrte. Trotzdem wollte er sich nicht den positiven Eindruck des Tages zerstören lassen. Konnte es nicht sein, dass diese Eucharistie zum Advent die von allen ersehnte Einheit aufblitzen ließ? Gibt es keine Lücken für eine ökumenische Gastfreundschaft? Die Nacht rückte weiter vor, der Pfarrer legte die CD auf, die die kleine Orgelmesse enthielt. Sobald der Schlusssatz erklang, „dona nobis pacem", hatte er seinen Frieden wiedergefunden. Seelenruhig blies er die Adventskerze aus und legte sich in Gottes Namen schlafen.

Was er in jener Nacht nicht ahnte, aus Cambridge schrieb ihm der Dirigent kurz vor Weihnachten einen kleinen Gruß. In Deutsch stand auf der Karte: „Dear rector, vor allen Dingen bedanke ich mich, weil du uns alle zum Abendmahl eingeladen hast. Mit dieser Gastfreundschaft und Herzlichkeit hatte ich nicht gerechnet. Merry Christmas." So fand ein Adventsmärchen seinen Abschluss.

Confessio Augustana – Artikel 10: Vom Heiligen Abendmahl
Vom Abendmahl des Herrn wird so gelehrt, daß der wahre Leib und das wahre Blut Christi wirklich unter der Gestalt des Brotes und des Weines im Abendmahl gegenwärtig ist und dort ausgeteilt und empfangen wird. Deshalb wird auch die Gegenlehre verworfen.

Text: EKD

Das Märchen von der ökumenischen Christnacht

Es waren einmal ein evangelischer und ein katholischer Pfarrer, die verstanden sich recht gut. Sie arbeiteten in zwei Stadtgemeinden, die nebeneinanderlagen. Der Katholik war klein und rund, der Protestant groß und schlank.

Kurz vor dem ersten Advent besuchte der katholische Pfarrer eine Frau, die Mitglied im Pfarrgemeinderat war. Ihr Mann war in der evangelischen Gemeinde zum Presbyter gewählt worden. Die Gastgeberin stöhnte. „Stellen Sie sich einmal unsere Situation vor. In ein paar Wochen ist Weihnachten. Am Heiligen Abend sitzt die Familie unter dem Tannenbaum zusammen. Wir freuen uns, dass die Kinder bei uns sind. Dann heißt es plötzlich, fertig machen, auf in die Christmette, nein in die Christvesper. In der Hektik bekommen wir fast Streit. Hastig wird das Geschirr in die Spülmaschine eingeräumt, der Mantel übergeworfen, dann los. Schon an der Haustür trennen sich unsere Wege. Mein Mann zieht alleine zur Lutherkirche, und ich laufe zur Marktkirche. Wenn ich ohne meinen Mann in der Bank die Botschaft des Engels höre, werde ich traurig. Am Tisch zusammen, am Altar getrennt." Darüber hatte der katholische Pfarrer bisher nie nachgedacht. Seine übervollen Christmetten hinterfragte er nicht. Aber überkonfessionell das Krippenkind feiern war eine Idee, die sich zu verfolgen lohnte. Der Hausbesuch hatte im Pfarrer einen Samen ausgesät. Er musste das Saatgut nur in seiner Pfarre ausstreuen. Das dürfte doch nicht schwer sein.

Mit dem Samenkorn ging der Pfarrer in den Pfarrgemeinderat und schlug vor, am Heiligen Abend statt Christmette eine ökumenische Christnacht anzubieten.

„Wir machen den gemischt konfessionellen Ehepaaren zu Weihnachten ein Geschenk. Sollte der evangelische Pfarrer einverstanden sein, laden wir zu einer ökumenischen Christnacht ein.“ Er redete sich in Begeisterung, aber kein Funke sprang über. Alle staunten still. Zurückhaltend äußerte sich die Vorsitzende, ehe das Murmeln auf den Stühlen begann. „Ich weiß nicht, wieder etwas Neues! Klar, Ökumene brauchen wir. Doch an der Christmette sollten wir nicht basteln und viele Leute vergraulen. Schließlich ist die Christmette der bestbesuchte Gottesdienst des Jahres.“ Der Pfarrgemeinderat rettete sich, indem er auf den evangelischen Pfarrer verwies. „Fragen Sie erst einmal den Bruder von der Lutherkirche. Vielleicht will er gar nicht.“ Erleichtert konnten die Ratsmitglieder zum nächsten Tagesordnungspunkt übergehen.

Zufällig trafen sich die Kollegen in der Stadt. Der evangelische Pfarrer hatte ähnliche Klagen bei seinen Hausbesuchen gehört. Nachdem sein katholischer Mitbruder seine Gedanken ausgesprochen hatte, legte er los. „Eine tolle Idee, die mir auch schon gekommen ist. Was wäre das für ein schönes Geschenk an viele Familien!“ Dann zögerte er. „Aber bei uns in der Lutherkirche gehört die Christvesper zu Weihnachten. Ob die Gemeinde sie so ohne weiteres aufgibt, weiß ich nicht. Auf jeden Fall muss das Presbyterium entscheiden.“ Hoffentlich verdorrte die ökumenische Saat nicht bereits im Vorfeld. Wenige Tage später rief der Leiter des Stadtchores den katholischen Pfarrer an. Er habe gehört, polterte er los, am Heiligen Abend solle Mozarts Krönungsmesse ausfallen. Sie sei seit Jahrzehnten Tradition. Deshalb kämen Leute von überallher zur Christmette. Wenn sie ausfiele, würde der Chor auf keinen Fall in einem ökumenischen Gottesdienst singen. Aus Protest würde er schweigen. Behutsam versuchte der Seelsorger, ihn zu unterbrechen. „Nein, die Krönungsmesse braucht nicht auszufallen. Das Hochamt am Ersten Weihnachtstag ist dafür der geeignete Platz." „Was heißt das? Der Vorstand hat beschlossen, die Krönungsmesse nur in einer Christmette zu singen. Keine Experimente." Dann hängte er ein. Kurz danach rief ihn der evangelische Bruder an. Verbindlich erläuterte er das Ergebnis der Presbyteriumssitzung. „Das Presbyterium hat ausführlich darüber beraten. Die Christvesper hat in der Lutherkirche eine lange Tradition. Die Presbyter möchten sie auf keinen Fall aufgeben. Deshalb hat das Presbyterium mit Mehrheit eine ökumenische Christnacht abgelehnt. Vielleicht im nächsten Jahr. Schon jetzt frohe Weihnachten!" Im Protokoll des Pfarrgemeinderates hieß es ähnlich: „In diesem Jahr soll am Heiligen Abend wie gewohnt um 23 Uhr eine Eucharistiefeier mit dem Stadtchor gefeiert werden. Wie in den vergangenen Jahren wird die Krönungsmesse von Mozart aufgeführt. Die Idee einer ökumenischen Christnacht ist zu begrüßen, doch im Moment nicht durchführbar." Eigenartig, die Gremien vor Ort entschieden sich gegen Ökumene, obwohl kein Bischof es verboten und kein Superintendent Bedenken geäußert hatte. Der sogenannten Basis, die immer nach Ökumene ruft, fehlte gerade zu Weihnachten die Barmherzigkeit. Die Weihnachtsengel konnten den Wunschzettel der beiden Pfarrer nicht einlösen.

Zufällig traf der katholische Pfarrer am Heiligen Abend die Pfarrgemeinderätin vor der Marktkirche. Sie wirkte bedrückt. „Herr Pfarrer, Sie erinnern sich, dass wir uns über eine ökumenische Christmette unterhalten haben.

Im Pfarrgemeinderat habe ich dafür gestimmt. Mit vielen Gegenstimmen habe ich verloren. Übrigens hat mein Mann im Presbyterium als Einziger genauso votiert. Und jetzt bin ich alleine unterwegs. Ohne Mann macht Mozart keine Freude. Gesegnete Weihnachten."

Die beiden Pfarrer sind inzwischen lange im Ruhestand. Und wenn sie nicht gestorben sind, leben sie noch heute, ohne ihre Bitte an die Weihnachtsengel zu vergessen. Eins gilt für sie nach wie vor. Die gemeinsame Christnacht war gestorben, die Ökumene wird niemals sterben.

Übrigens: Märchen werden manchmal Wirklichkeit. Der Weihnachtsengel hat auf krummen Wegen geholfen. Corona erzwang eine andere Form der Weihnachtsgottesdienste. Deshalb wurde im vergangenen Jahr zum ersten Mal möglich, wovon die beiden Pfarrer immer geträumt haben. Auf vielen Plätzen und in vielen Kirchen feierten Christinnen und Christen eine ökumenische Weihnacht. Selbst Kirchenleitungen feierten mit, hoffentlich nicht zum letzten Mal.

Mit Christus gehen – Der Einheit auf der Spur
Wer die Kommunion empfängt, empfängt ein und denselben Leib Christi wie alle anderen. Es ist dieselbe Gnade, derselbe Bund, dieselbe Eucharistie. Alle sind Gäste am selben Tisch des Herrn. Die katholische Kirche steht mit den anderen Kirchen und kirchlichen Gemeinschaften in einer Gemeinschaft, die real ist, auch wenn sie nicht vollkommen ist. Wenn konfessionsverbindende Eheleute aufgrund einer persönlichen Gewissensentscheidung gemeinsam an der Eucharistie teilnehmen, erinnert dies daran, dass ein weiteres Wachsen in der Einheit nötig ist, sowohl in der konkreten Situation dieser Ehe als auch zwischen den getrennten Kirchen. So werden die konfessionsverbindenden Ehepaare, die ge-

meinsam an der Kommunion teilnehmen und die Sehnsucht nach der Einheit der Kirche nicht aufgeben, auch zum Zeichen und Motor für das ökumenische Vorankommen in der Suche nach der vollen Einheit aller Christen.

Deutsche Bischofskonferenz, 20. Februar 2018, Nr. 57

Das Märchen vom ökumenischen Abschied

Es war einmal ein evangelischer Pfarrer, der nach treuem Dienst von seiner Landeskirche in den Ruhestand geschickt werden sollte. Früh fing das Presbyterium an, den Abschied zu planen. „Wie stellen Sie sich Ihren Abschied vor?“, fragte die Vorsitzende des Presbyteriums. Der Pastor äußerte einen langgehegten Wunsch. „Sie wissen, wie mir die Ökumene am Herzen liegt. Über zehn Jahre habe ich intensiv in der Marktkirche ökumenische Gottesdienste gefeiert. Zu Schulgottesdiensten, zu Hochzeiten war ich dort. Die Kirche ist wie die Lutherkirche meine Heimat“, alle warteten gespannt auf das, was jetzt kommen würde. „Ich würde gerne die katholische Marktkirche in meinen Abschied einbeziehen.“ Im Raum wurde es unruhig. „Darf ich nachfragen, Herr Pfarrer“, hakte die Pfarrerin nach, „Sie wollen eine ökumenische Pensionierung? Geht so etwas überhaupt? Denn der Superintendent verabschiedet sie doch offiziell.“ Der Angesprochene fuhr fort. „Wir können in der Lutherkirche beginnen. Dort predige ich ein letztes Mal. Danach brechen wir auf und ziehen gemeinsam in die Marktkirche, die ja nur hundert Meter entfernt ist. Dort schließen wir den Gottesdienst mit dem Segen ab.“ Ein Presbyteriumsmitglied schüttelte den Kopf. „Hier hat es begonnen, hier muss es enden! Wir können einen evangelischen Pfarrer auf keinen Fall katholisch verabschieden.“ Ihm wurde sofort widersprochen. „Ich verstehe ihn gut. Für die Ökumene hat er sich krummgelegt. Und wie oft waren wir in der Marktkirche.“ Der Pfarrer atmete durch, weil ihn eine gewichtige Stimme unterstützt hatte. Die Vorsitzende fuhr fort: „Wenn der Superintendent ja sagt, habe ich keine Bedenken. Und die katholischen Geschwister müssen einverstanden sein." Es mehrte sich die Zustimmung, nicht überschwänglich begeistert, aber doch innerlich einwilligend. Taktisch geschickt hatte der Pfarrer kurz vor der Sitzung mit dem Superintendenten und dem katholischen Kollegen telefoniert. Beide freuten sich über den besonderen ökumenischen Akzent. Ihr Votum im Ohr, verkündete er fast wie auf der Kanzel: „Der Superintendent möchte mich gerne in der Marktkirche verabschieden. Darauf würde er sich eigens vorbereiten, und der katholische Pfarrer wird uns in allen Planungen unterstützen." „Stimmen wir ab", schlug die Vorsitzende vor. Es ergab sich eine Mehrheit, mit der das Presbyterium leben konnte.

Einige Monate später. Ein verregneter, kalter Sonntagnachmittag im Winter. Die Glocken der Lutherkirche läuteten ihre festliche Melodie, die dem zukünftigen Rentner galt. Als der Gottesdienst begann, war selbst auf der Empore kein Sitzplatz mehr zu finden. Viele Katholiken und Protestanten wollten ihren Seelsorger auf dem ökumenischen Weg begleiten. Die Kantorin spielte ökumenische Lieder, und die Lesung aus der Apostelgeschichte hörte sich sowieso ökumenisch an. Die Abschiedspredigt erinnerte zum letzten Mal an eine ökumenische Sehnsucht. Dann brachen alle auf. Vorneweg zogen die Vorsitzende des Presbyteriums, der Superintendent, der Pfarrer i. R. und der katholische Pfarrer, der seinen evangelischen Bruder im Regen beschirmte. Der schwarze Talar sollte nicht nass werden, damit der Abschied weiter in trockenen Tüchern blieb. Nachdem alle in die Marktkirche eingezogen waren, war sie genauso gefüllt wie die Lutherkirche. Der Superintendent erhob sich, um seinen Kollegen offiziell zu entlassen. „Sie sind in einer typisch evangelischen Stadt groß geworden. Auf dem Gymnasium dachten Sie vielleicht einmal daran, Pfarrer zu werden. Aber Sie hätten nie daran gedacht, dass Sie in einer katholischen Kirche Ihren Dienst beenden werden.“ Die Menschen in den Bänken klatschten. Danach entpflichtete der Superintendent den Pfarrer mit einem Segen. Gleichzeitig wies er die Gemeinde darauf hin, dass ein Pfarrer in Ruhe alle Ordinationsrechte behielt. Er darf weiter predigen und Abendmahl feiern. Die Katholiken wunderten sich, dass die Ordination wie die Priesterweihe ein Leben lang gültig ist. Einmal Pfarrer, immer Pfarrer. Zum Vaterunser bildete sich wie von selbst eine Gebetskette. Katholische und evangelische Hände verschränkten sich, hielten sich fest und gaben gemeinsam den Gebetsworten spürbaren Halt. Selbst am Schluss – „denn dein ist das Reich und die Kraft und die Herrlichkeit“ – hielten sich die Katholiken weiter an den Händen und beteten mit. Dann begann der Reigen der unvermeidlichen Grußworte, die zwischen katholisch und evangelisch nicht mehr zu unterscheiden waren. Als die Orgel „Großer Gott, wir loben dich“ intonierte, versuchten alle mitzusingen. Keiner wollte sich ausschließen, egal ob er den Ton traf oder nicht.

Später erzählten viele Leute vom märchenhaften Abschied. Doch etwas fehlte ihnen, um das Ganze glücklich abzuschließen. Der Pfarrer i. R. durfte über Brot und Wein keinen Segen sprechen. Wovon er oft in seinem Dienst geträumt hatte, am Ende blieb es ihm verwehrt. Die raue Wirklichkeit ist eben kein Märchen.

Im Winter (1. Fassung)

Wenn der Schnee am Fenster fällt,
Lang die Abendglocke läutet,
Vielen ist der Tisch bereitet
Und das Haus ist wohl bestellt.

Mancher auf der Wanderschaft
Kommt ans Tor auf dunklen Pfaden,
Seine Wunde voller Gnaden
Pflegt der Liebe sanfte Kraft.

O! des Menschen bloße Pein.
Der mit Engeln stumm gerungen,
Langt vom heiligen Schmerz bezwungen
Still nach Gottes Brot und Wein.

Georg Trakl

Das Märchen von der einen Idee

Es war einmal eine Christengruppe, die eines Tages aus ökumenischem Interesse in die Stadt Worms pilgerte. Dort stand einst Martin Luther, berief sich vor dem Kaiser auf Gottes Wort und konnte nicht anders. Es gab viel zu sehen. Von einer Ausstellung zu den Tischreden des Reformators waren die Pilger besonders fasziniert.* Ein kleinformatiges Bild hatte es ihnen angetan.

Abends hockten sie in der Bar des Hotels und ließen den Tag bei einem Glas Rotwein ausklingen. Der Rheinpfälzer konnte mit einem Chianti durchaus mithalten. „Erinnert ihr euch an das eine Bild der Ausstellung?“, fragte plötzlich einer. „Das mit der marmornen Lutherbüste! Vor ihr stand ein halb gefülltes Glas mit Rotwein. Daneben lag ein angebissenes Stück Brot. Von dem Wein und dem Brot hatte ein Mensch gekostet. Brot und Wein verwiesen mich wieder einmal auf das, was ökumenisch noch aussteht. Die Hoffnung auf ein gemeinsames Abendmahl stirbt zuletzt.“ An das kleine Gemälde erinnerten sich alle. Sie griffen in die Tüte mit Erdnüssen und begannen ein lebhaftes Gespräch. „Offiziell ist es nach wie vor verboten, gemeinsam Abendmahl zu feiern. Offiziell, was heißt das schon? Keiner darf uns doch verbieten, einen Tisch aufzustellen und Brot und Wein im Namen Jesu aufzutischen.“ Die anderen verstummten angesichts des heftigen Plädoyers. „Was soll schon passieren, wenn wir uns mit Protestanten an einen Tisch setzen. Die Pfarrer lassen wir außen vor. Wir organisieren eine Tischgemeinschaft ohne kirchliches Amt.“ Eine Idee war geboren und wur-

---

* Michael Triegel, Martin Luther – Tischreden.

de weitergesponnen. „Wann und wo soll unser nichtamtliches Abendmahl stattfinden?“ Die Skeptiker grübelten vor sich hin, weil sie noch nicht richtig überzeugt waren. „Am besten draußen auf einem Kirchplatz! Eingeladen sind dann alle.“ „Und wenn es an dem Tag regnet?“ Die jüngste Pilgerin war wie immer Optimistin. „Ich vertraue dem Heiligen Geist, obwohl er kein Wettergott ist. Werdet konkret!“ Sie hielt nichts von langen Diskussionen, die zu keinen praktischen Ergebnissen führten. „Wäre es nach einem Sonntagsgottesdienst ohne Abendmahl kein idealer Termin, um mit unserer Aktion endlich die ausstehende Abendmahlsgemeinschaft einzufordern?“ „Genau! Dann machen wir's.“ „Ich bin dabei.“ „Ich auch.“ Alle stimmten zu. „Also“, die junge Frau plante weiter, „wenn am nächsten Sonntag nach dem Schlusschoral die Leute die Lutherkirche verlassen, laden wir sie vor dem Portal ein, sich um den Tisch zu setzen. Eine von uns liest aus der Bibel vor, dann verteilen wir Brot und Wein. Kein amtliches Abendmahl, aber besser als gar nichts.“ „Abgemacht.“ Müde gingen alle zu Bett und schliefen fest. Ich träumte vom Abendmahlsaal in Jerusalem. Martin Luther und Papst Franziskus saßen mitten unter den Jüngern, als Jesus ihnen das Brot reichte.

Die Tage vergingen. An dem Sonntagmorgen, es schien die Sonne, besuchte die Christengruppe den Gottesdienst in der Lutherkirche und stellte auf dem Kirchplatz Tische auf. Danach lud die junge Frau alle ein, zu bleiben und an den Tischen Platz zu nehmen. „Bitte setzen Sie sich. Uns Katholiken und Protestanten fehlt am Sonntag ein gemeinsamer Tisch mit Brot und Wein.“ Es brannten ein paar Kerzen. Ein Christ stimmte ein Lied an: „Wenn das Brot, das wir teilen, als Rose blüht.“ Alle sangen kräftig mit, „dann hat Gott unter uns schon sein Haus gebaut, dann wohnt er schon in unserer Welt.“ Danach öffnete er seine Heilige Schrift und las aus dem Ersten Brief an die Gemeinde in Korinth: *„Denn ich habe vom Herrn empfangen, was ich euch überliefert habe: Jesus, der Herr, nahm in der Nacht, in der er ausgeliefert wurde, Brot, sprach das Dankgebet, brach das Brot und sagte: Das ist mein Leib für euch. Tut dies zu meinem Gedächtnis! Ebenso nahm er nach dem Mahl den Kelch und sagte: Dieser Kelch ist der Neue Bund in meinem Blut. Tut dies, sooft ihr daraus trinkt, zu meinem Gedächtnis!“* (1 Kor 11,23–25). Die jüngste Wormspilgerin nahm den Laib Brot, brach ihn in Stücke und verteilte sie. Dann nahm der älteste Pilger den Becher mit Wein und reichte ihn weiter. Um den Tisch auf dem Kirchplatz saßen mehr als zwölf, und allen, die das Brot miteinander brachen und aus dem Becher tranken, war Jesus nahe. Als die Idee in Worms geboren worden war, hatte sich die Christengruppe versichert: Wir stehen hier und können nicht anders. Es war wie im Märchen, das aber im nächsten Jahr keine Fortsetzung fand. Das Presbyterium und der Pfarrgemeinderat hatten getagt und das nichtamtliche Abendmahl als befremdlich empfunden. Den Kirchenmitgliedern wurde geraten, eine solche Aktion nicht zu wiederholen. Es sei nicht im Sinne Jesu, obwohl der Herr an dem Märchen sicher seine Freude gehabt hätte.

Das Märchen vom Schwarzkittel und Blaurock

Es waren einmal ein katholischer Schwarzkittel und ein evangelischer Blaurock. Sie lebten, wie es sich für ihre Konfessionen gehörte. Aber eines Tages geschah es, dass ein Engel sie kurzerhand umwandelte. Der Schwarzkittel tat so, als ob er ein evangelischer Blaurock geworden wäre. Statt eines Bischofs hatte er jetzt einen Superintendenten. Sonntags ging er in seine Kirche und hörte von einer Pfarrerin eine Predigt. Sie stand hoch oben auf einer Kanzel. Ab und zu blieb er dem Gottesdienst fern, denn als evangelischer Christ hatte er von der Freiheit eines Christenmenschen gelesen.

Genauso wandelte sich der Blaurock. Plötzlich lebte er so, als ob er ein katholischer Schwarzkittel geworden wäre. Zu Ostern schaute er sich im Fernsehen den Segen des Papstes an. Sonntags hatte er sich daran gewöhnt, regelmäßig die Messe zu besuchen. Die Pfarrer trugen farbenfrohe Gewänder, aber es gab keine einzige Frau Pfarrerin. Gewöhnungsbedürftig waren ab und zu die alten lateinischen Hochämter mit qualmendem Weihrauch. Darin spielte die Bibel keine große Rolle.

Eines Tages trafen sich Schwarzkittel und Blaurock. Sie erzählten von ihren Erfahrungen als Umgedrehte. „Du, mein Leben ist auf den Kopf gestellt", meinte Schwarzkittel. „Meins auch! Trotzdem hilft es mir", antwortete Blaurock. „Ich verstehe plötzlich die Katholiken besser. Ja, ich kann mich sogar mit dem Papst anfreunden." „Und ich freue mich über die Pfarrerin, die so biblisch predigt." So ging es eine Weile hin und her, bis Blaurock Schwarzkittel unterbrach. „Sei einmal ehrlich, bei unserer Kehrtwende geht es um mehr als Details. Unser Leben wird umgekrempelt. Als evangelischer Christ lebe ich anders als ihr Katholiken." „Richtig, Blaurock. Paulus schreibt einmal", jetzt prahlte Schwarzkittel mit seinen Bibelkenntnissen, die er sich mühsam erworben hatte, *„Die Zeit ist kurz. Daher soll, wer eine Frau hat, sich in Zukunft so verhalten, als habe er keine, wer weint, als weine er nicht, wer sich freut, als freue er sich nicht, wer kauft, als würde er nicht Eigentümer, wer sich die Welt zunutze macht, als nutze er sie nicht; denn die Gestalt dieser Welt vergeht"* (1 Kor 7,29–31).

„Du Blaurock, um den Zölibat geht es wirklich nicht. Genauso wenig redet der Apostel über die Ehe. Es geht ihm um einen Perspektivwechsel, um eine andere Weltsicht." Schwarzkittel redete ungewohnt theologisch. Er ließ sich nicht bremsen. „Ich soll als Katholik einmal leben, als wäre ich nicht katholisch, sondern evangelisch. Du sollst als Evangelischer so leben, als wärst du katholisch. Ich einmal der Blaurock, du der Schwarzkittel." „Interessant", jetzt hatte Blaurock seinen Ton gefunden. „Bedenke! Paulus verkündet keine Lebenshaltung, der alles gleichgültig ist. Bei ihm bleibt verheiratet, wer verheiratet ist. Es weint, wer weint. Es hat gekauft, wer gekauft hat. Es bleibt katholisch, wer katholisch, oder evangelisch, wer evangelisch ist. Wie ich schon sagte, du bleibst katholisch, Schwarzkittel. Doch nach Paulus geht es auch anders, du und ich, wir könnten auch ganz anders leben, wenn wir ernst nähmen, dass diese Welt nicht alles ist. Der Apostel glaubt fest an ein Ende der jetzigen Welt und ihrer Ordnung." Schwarzkittel dachte über sich und sein Leben nach. Mit seinem katholischen Lebensentwurf hatte er sich bisher in der Welt zurechtgefunden. Er half ihm, sich zu orientieren. Nur mit seiner Hilfe war es überhaupt möglich zu leben. Nach langem Überlegen kam Schwarzkittel zurück ins Gespräch. „Paulus warnt davor, unsere Lebensentwürfe zu verabsolutieren. Nichts ist absolut in einer Welt, die vergeht. Die Zeit ist endlich. Vor der Ewigkeit Gottes hat sie keinen Bestand. Auch Kirchen währen nicht ewig."

Blaurock staunte über die Freiheit, mit der Schwarzkittel argumentierte. Deshalb fügte er mutig hinzu: „Wenn die Zeit begrenzt ist, werden Gemeindeordnungen, Gottesdienstpläne und Finanzausstattungen relativ. Gerade die Kirchensatzungen, ob evangelisch oder katholisch, sind endlich. Um den innerkirchlichen Betrieb zu regeln, sind sie heute notwendig. Aber morgen, im Reich Gottes, können sie schon vergangen sein." „Also ist es heilsam für uns, einmal eine andere Perspektive einzunehmen. Vielleicht täte das auch den Superintendenten und Präsides gut", meinte Schwarzkittel. „Vergiss nicht den Papst und die Bischöfe, sie dürften ruhig einmal evangelisch sein", ergänzte Blaurock. Beide umarmten sich. Zwischen ihnen kribbelte es, und sie wurden wieder das, was sie ursprünglich waren: Schwarzkittel katholisch und Blaurock evangelisch. Der Engel hatte sie zurückverwandelt.

Ausblick

Wer zu spät kommt ...

Als Patenonkel sorgt man sich um sein Patenkind, auch wenn es schon über 30 Jahre alt ist und fleißig in der Filmbranche arbeitet. In meiner Fürsorge kann ich den Pfarrer nicht verleugnen. „Wie hältst du es denn mit der Kirche?" Jedes Mal antwortet mir mein Neffe: „Keine Sorge, ich bin nicht ausgetreten, obwohl ich es manchmal will. Aber ich habe einen frommen Onkel, den ich mit meiner Kirchensteuer finanzieren muss. Sobald ich meinen Arbeitsvertrag unterschreibe, werde ich ungläubig gefragt: Bist du wirklich noch in der Kirche?" In seinem Job und in seinem Alter scheint es unüblich zu sein, mit der Kirche zu tun zu haben. Die Krimis, die er dreht, kommen ohne Kirche aus. Kommissare zünden beim hl. Antonius keine Kerzen an, um den Mörder zu finden. Ich bohre provozierend nach, obwohl ich mich zufriedengeben müsste. „Und wie ist es sonntags mit dem Kirchgang?" Ich sehe, wie er mit den Schultern zuckt, und ich erhalte eine ernüchternde Antwort. „Tut mir leid, die Zeiten der Gottesdienste waren mir schon als Jugendlicher zu früh. Aber selbst wenn ich hier aus dem Bett käme, im Viertel kenne ich keine Kirche. Jeden Freitag strömen die Menschen in die Moschee. Sonntags sehe ich keinen Einzigen auf der Straße. Wie sollte ich eine Glocke hören, wenn ich nirgendwo einen Kirchturm entdeckt habe." Er unterbricht sich selbst, überlegt kurz und fährt fort. „Ehrlich gesagt, zwei U-Bahn-Stationen von hier habe ich eine Kirche gesehen. Vielleicht ist sie evangelisch, denn es ist kein Hahn auf dem Turm." Als er klein war, hatte ich ihm immer den Hahn auf einem katholischen Kirchturm gezeigt. „Na ja, es interessiert mich wenig. Ich gehe doch nicht hin."

Die Antwort hatte mich bedient. Das eigene Patenkind kannte keine Kirche in seiner Nachbarschaft, egal ob sie evangelisch oder katholisch war. Sollte er sich sonntags in einen Gottesdienst verirren, müsste schon eine Pfarrerin auftreten, damit er den Unterschied zwischen evangelisch und katholisch bemerkte. Mir ging wieder einmal auf, wie wenig die nachfolgende Generation mit dem Streit der Konfessionen anfangen kann. Ich vermute, sie interessiert sich für Kirche überhaupt nicht mehr. Das, was Kirchen in unterschiedlichen Bekenntnissen anbieten, hat in ihrem Leben keinen Platz. Darüber hatte ich schon in schlauen Büchern gelesen. Aber es fühlt sich anders an, sobald es in der eigenen Familie erlebt wird. Theorie und Praxis sind doch unterschiedliche Zugänge zur Wirklichkeit. Kirche spielt bei meinem Neffen keine Rolle und erst recht nicht die Ökumene.

Wahrscheinlich weiß er nicht einmal, was katholisch, evangelisch oder orthodox bedeutet. Ob die Kirchen einmal zur Einheit finden, fragt er überhaupt nicht. Mit Martin Luther beschäftigt er sich nur, falls der Reformator in einem Drehbuch vorkommt. Mord im Lutherhaus, das könnte ihn reizen. Dann müssten aber Katharina von Bora und Papst Leo X. die Hauptrollen spielen.

Es stimmt mich traurig, dass für junge Erwachsene die Kirchen tot sind. Ökumene ist ein Thema der Alten, die im Lauf ihres Lebens unter der Kirchentrennung gelitten haben. Die Jungen stehen am Rand und schauen gelangweilt zu, weil sich ihrer Meinung nach das Thema ‚Kirche' bald erledigt hat. Als ich mich mit meinem Patenkind unterhielt, erinnerte ich mich an das geflügelte Wort „Wer zu spät kommt, den bestraft das Leben". Für mich sieht es so aus, als ob die Ökumene viel zu spät kommt. Es ist mehr als nur ein Eingeständnis, es ist das Schuldbekenntnis, sich dem Wunsch Jesu nach Einheit seiner Kirchen widersetzt zu haben. Dabei hätte die junge Generation eine Kirche nötig, die mit einer Stimme spricht und die eine frohe Botschaft verkündet.

Gott, vergib uns unsere Verspätung.

„Wenn die Kirchen der Menschheit noch einmal das Bild einer zankenden Christenheit zumuten, sind sie abgeschrieben.“
P. Alfred Delp SJ, 1944.

„Wenn die Kirchen der Menschheit weiterhin weltweit das Bild gegenseitiger Ausgrenzungen vom Abendmahl Jesu bieten, sind sie abgeschrieben.“
P. Klaus Mertes SJ, 2020.

Ein Gebäude lädt zum Gebet ein

An den wohlsortierten Steinhaufen neben den Ruinen, die wie faulende Zahnstümpfe aussahen, erinnerte ich mich, als ich auf dem Dresdner Neumarkt zum ersten Mal die wieder aufgebaute Frauenkirche bewunderte. Vor Jahren hatte ich schon einmal an der Stelle gestanden, an der ich jetzt stand. Damals war der Schutt ein trauriger Anblick, heute konnte ich vor dem Bauwerk nur staunen. So als ob es die Zerstörung Dresdens nie gegeben hätte, richtete Martin Luther auf seinem Podest vor der Kirche seine Augen gen Himmel. Standfest hielt er Ausschau nach oben, mit seiner Bibel in der Hand.

Ich bleibe skeptisch, wenn neue Gebäude versuchen, Altes zu wiederholen. Nachgebaute Historie wirkt leicht kitschig. Über das „Dresdner Disneyland" wird viel palavert, doch die Frauenkirche fällt für mich aus dem Rahmen. Sie scheint wieder das zu sein, was sie einst war, die Kirche im Herzen der Stadt. Natürlich wollte ich hinein, um den Raum wahrzunehmen. Der Zugang war erschwert, weil allzu viele Schaulustige meine Neugierde teilten. Sie warteten vor dem einzigen Portal, das geöffnet war, und wollten hinein. Ich hätte mich in die Schlange der Wartenden einreihen müssen. Warteschlangen sind für mich ein Gräuel, und auf keinen Fall wollte ich wie die Touristen in zehn Minuten durchgeschleust werden. Ich hatte keine Lust, im Schnelldurchgang nur die Arbeit der Handwerker zu bewundern. Mich reizte auch die Funktion, für die der Raum einst und jetzt wieder geschaffen worden war. Also beobachtete ich eine Zeit lang die Menschenmenge. Auf der linken Seite verschwand sie in der Frauenkirche und auf der rechten strömte sie hinaus. Den Transit wollte ich auf keinen Fall mitmachen. Dennoch war ich erwartungsvoll. Um der wiederaufgebauten Frauenkirche willen war ich überhaupt nach Dresden gereist.

Mir half ein Aushang im Schaukasten. Jeden Mittag um 12 Uhr bot die Gemeinde in der Kirche ein Friedensgebet an. Gebet war mein Stichwort, und so fühlte ich mich von der nüchternen Mitteilung sofort eingeladen. Am nächsten Tag stand ich fünfzehn Minuten vor zwölf wieder an dem einzigen offenen Zugang. Wie am Tag zuvor wartete eine Besucherschlange, und ich fragte mich, ob alle Wartenden um den Frieden beten wollten. Dann sah ich, dass eine Frau vor der Tür die Menge ordnete. Wer zu beten wünschte, wurde sofort hineingelassen. Nichtbeter mussten warten. Auch mich fragte die Dame nach meinem Wunsch. Ein wenig übertrieben erwiderte ich, dass ich wirklich nur beten wolle. Meine Neugierde verschwieg ich. Herzlich wurde ich eingeladen und erhielt als Eintrittskarte ein Textblatt. Endlich war ich drin und schaute in das Kirchenschiff, dessen Rundung mich sachte umarmte. Die Bänke waren in einem nach vorne zum Altar hin offenen Kreis angeordnet. Die hohe Kuppel barg und beschützte mich vor der Hektik draußen. Nach und nach füllten sich die Reihen. Ich setzte mich nach vorne neben ein japanisches Paar, das mit dem Liedzettel wenig anfangen konnte. Es versuchte ihn zu lesen, kam aber nicht weit. Wahrscheinlich waren es Touristen, die wie ich die Schlange ausgetrickst hatten. Sie fühlten sich im Mutterschoß der Frauenkirche wohl. Kein Ordner musste sie zum Schweigen ermahnen. Um 12 Uhr begann die Friedensglocke mit dumpfen Schlägen zu läuten. Nachdem sie ausgeklungen war, nahm die Orgel das Heft in die Hand. Das kräftige Spiel des Organisten ließ aufhorchen und zur

Orgelbank aufschauen. Klänge schwirrten durch das hohe Gewölbe und hüllten Körper und Seele ein. Wie es sich für ein evangelisches Gotteshaus gehört, trat ein Mann in Talar und Beffchen nach vorne zur Altarschranke. Sein schwarzes Gewand störte ein wenig das bunte Bild des Altars. Trotzdem lud er freundlich ein, den Psalm auf dem Liedblatt abwechselnd mit ihm zu beten. Auch die Japaner probierten einzustimmen. Es gelang ihnen nicht. Trotzdem nahm die Atmosphäre der Kirche sie gefangen. Die meisten horchten auf, als der Pfarrer aus einem Propheten vorlas. Gott kommt im leisen, sanften Säuseln. Wenige Worte des Pfarrers genügten, um den fast geräuschlosen Charakter Gottes zu erklären. Obwohl die Kirche mit vielen Menschen gefüllt war, herrschte beruhigende Stille. Nach dem gemeinsamen Lied segnete uns der Pfarrer nach katholischer Art und Weise mit einem Kreuzzeichen. Die Orgel setzte einen kräftigen Schlussakkord.

Zufrieden verließ ich die Frauenkirche. Mich hatte das Friedensgebet eingeladen, ohne Zögern mitzumachen. Am Ende war ich davon überzeugt, dass alle Anwesenden am selben Gebetsstrang mitgezogen hatten. Keiner fühlte sich in dem Halbkreis der Bänke ausgeschlossen. Unsere Gebete erreichten den Adressaten, der mir wie selten in einem Gottesdienst nahe gewesen war. Selbst die Touristen, die sich in anderer Absicht hereingeschlichen hatten, verfremdeten die Gebete nicht. Plötzlich waren konfessionelle oder sogar religiöse Unterschiede gleichgültig, ohne dass ein Einheitsvertrag zwischen den Religionen geschlossen worden war. Ob evangelisch oder katholisch gebetet wurde, spielte mittags um zwölf keine Rolle. Mir machte das Beten um den Frieden sogar Freude. Die Frauenkirche bot mir ein Zuhause, aber nicht nur mir, sondern allen, die dort saßen. Die Trümmer der alten Kirche hatten sich mit den neuen Steinen zusammengefügt, so dass wieder gebetet werden konnte. Allein deshalb hat es sich gelohnt, die Kirche wiederaufzubauen, wie sie einmal gewesen ist. Es musste so sein, und draußen auf dem Neumarkt blickte Martin Luther weiter in den Himmel. Er hätte dankbar sein können, weil in seiner evangelischen Kirche Katholiken ehrlich mitbeteten. Dafür bedurfte es in der Frauenkirche nicht einmal eines besonderen Anlasses und der evangelische Pfarrer segnete nach katholischer Art.

Gebet
Jesus Christus, du Sohn des lebendigen Gottes,
unser Heiland, unsere Hoffnung, unser Erlöser:
Wir kommen zu dir mit der Last unserer Entzweiung und Trennung:
Wir kommen zu dir mit den Schatten der Vergangenheit.
Wir kommen zu dir in Scham und Trauer über das Leid,
das aus unserem Streit entstanden ist.
Vor dir bekennen wir unsere Schuld und rufen dich an in unserer Not.
Wir wissen keine andere Zuflucht als dein unergründliches Erbarmen.
Vergib uns, was uns von dir und voneinander trennt.
Im Licht deiner Wahrheit erkennen wir unser Versagen:
Unseren Mangel an Behutsamkeit und Geschwisterlichkeit,
unseren Mangel an Zuwendung zueinander und Respekt füreinander.
Schenke uns den Geist der Versöhnung, der wegnimmt, was uns trennt,
und uns glaubwürdige Schritte zur Einheit der Kirche gehen lässt.

Jesus Christus, du unser Heiland, du unsere Hoffnung, du unser Erlöser:
Sei du das Brot, von dem wir leben.
Sei du das Licht, durch das wir sehen.
Sei du der Weg, auf dem wir gehen.
Amen.

Deutsche Bischofskonferenz und Rat der Evangelischen Kirche Deutschlands, in: Erinnerung heilen – Jesus Christus bezeugen.

Bittet und es wird euch gegeben

Jesus erhob seine Augen zum Himmel und betete: Vater, ich habe deinen Namen den Menschen offenbart, die du mir aus der Welt gegeben hast. Heiliger Vater, bewahre sie in deinem Namen, den du mir gegeben hast, damit sie eins sind wie wir (Joh 17,6a.11b).

Ich gebe zu, auf dem Weg zur Einheit sind große Fortschritte gemacht worden. Es zeigt sich guter Wille, aber die offene Wunde der Trennung verheilt nicht.

In mehreren Versen des Johannesevangeliums fällt das Gebet Jesu um die Einheit seiner Jünger auf. Zunächst bin ich überrascht, dass Jesus weder in die Hände spuckt noch eine theologische Kommission gründet. Manche Kritiker fühlen sich bestätigt. Die Einheit der Kirchen sei nur von Gott zu erbitten. Keiner dürfe aus eigener Initiative in Gottes Pläne eingreifen. Selbstverständlich hüte ich mich davor, das Gebet für die Einheit abzuwerten, da ich in beeindruckenden ökumenischen Gottesdiensten immer wieder mitgebetet habe. Dennoch ist das Gebet keine Entschuldigung für das Nicht-Handeln. Wie so oft sollen wir das eine tun und das andere nicht lassen. Beten und Handeln gehören auch in der Ökumene zusammen.

Um die Einheit seiner Jünger betet Jesus bei seinem letzten Abendmahl. Kurz vor seinem Tod liegt sie ihm besonders am Herzen. Zwist und Streit haben sich unter seinen Gefolgsleuten breitgemacht. Besonders Judas tanzt aus der Reihe. Deshalb bittet der Herr ausdrücklich seinen Vater, er möge den Zwölf die Einheit schenken. Gerade nach der Himmelfahrt Jesu liest man im Neuen Testament, wie uneins die Jüngerinnen und Jünger waren. Der Glaube an ihren auferstandenen Herrn verschonte sie nicht vor Streit. Bekanntlich gerieten die sogenannten Apostelfürsten Petrus und Paulus aneinander. Die beiden schenkten sich nichts, als es um die Verkündigung des Evangeliums an die Heiden ging. Damals wurde also genauso um die Wahrheit gerungen, gestritten wie heute. Von „ein Herz und eine Seele“, wie wir es uns unter den Jüngern vorstellen, war keine Rede. Deshalb ist die Art und Weise des Gebetes um die Einheit bemerkenswert. Beim Abendmahl betet Jesus darum, ohne die Streithähne am Tisch zu verurteilen. Keiner wird nach Hause geschickt. Kommunion ist sogar mit Widersachern möglich.

In seinem Gebet vergleicht Jesus die Einheit seiner Jüngerinnen und Jünger mit der Einheit, die er mit seinem göttlichen Vater pflegt. Die Einheit in Gott schenkt den Menschen die Einheit untereinander. Insofern ist sie eine Gnade Gottes. Die Einheit unserer Kirchen hat mit dem Wesen Gottes zu tun. Trotz aller praktischen Vorteile ist sie weder eine organisatorische noch eine missionarische Notwendigkeit. Eine einheitliche Struktur wäre noch zu wenig.

Dabei ist Einstimmigkeit etwas anderes als Einheit. Beides sollten unsere Kirchen nicht verwechseln. In der

Ökumene ist es eine Gefahr, sich um einstimmige Entscheidungen zu bemühen. Einstimmigkeit ist Menschenwerk, das mit göttlicher Einheit wenig zu tun hat. Sicher wäre es schön, wenn die Kirchen mit einer Stimme redeten, wie sie es manchmal bereits tun. Dennoch wage ich zu bezweifeln, dass Einstimmigkeit Voraussetzung für ein gemeinsames Abendmahl ist. Jesus hat es mit Menschen gefeiert, die mehrstimmig waren und unterschiedlich handelten. Der Glaube an den einen Christus reichte. Kirchenchöre mit verschiedenen Stimmen singen sehr harmonisch. Gönnen wir uns Unterschiede in unseren Kirchen, solange wir uns im Christusbekenntnis zusammenfinden. Dann ist nichts verloren.

Wir gehen auf das Jahr 2030 zu. Es wird wieder ein Gedenkjahr werden. Dann blicken wir auf den letzten Versuch vor 500 Jahren, zu einer gemeinsamen Abendmahlslehre zu kommen. Das Augsburger Bekenntnis versuchte zu retten, was zu retten war. Vergebens. Auf jeden Fall haben die Verfasser damals richtig gebetet und gehandelt. Beten und handeln wir weiter.

Ein Gebet um Einheit nach Martin Luther:

Du ewiger, barmherziger Gott, du bist der Gott der Einheit, nicht des Zwiespalts. Wir bitten dich, du wollest durch den Hl. Geist alles Zertrennte zusammenbringen, das Geteilte vereinigen und ganz machen, auch uns geben, dass wir zu deiner Einheit umkehren und von allem Zwiespalt abweichen, dass wir eines Sinnes, Wissens und Verstandes werden, der da gerichtet sei auf Jesus Christus, unseren Herrn, damit wir dich mit einem Munde preisen und loben mögen durch unseren Herrn Jesus Christus, der mit dir in der Einheit mit dem Hl. Geist lebt und herrscht in Ewigkeit.

Die ökumenische Weizenkornhaltung

Oft habe ich mit katholischen und evangelischen Gemeinden zusammen Gottesdienste gefeiert. Viele evangelische Pfarrerinnen und Pfarrer haben mitgemacht. Ging es um das gemeinsame Abendmahl, haben wir das entstehende Problem vorher ehrlich benannt, um keinen Mitfeiernden in einen Gewissenskonflikt zu stürzen. Dabei kam es uns nicht darauf an, mit markigen Sprüchen päpstliche Autorität zu untergraben. So gesehen bin ich kein Held und kein Reformator. Trotzdem bekenne ich, dass ich in der Ökumene manchmal das Kirchengesetz umgangen habe, weil mich der Traum von der einen Kirche umtrieb. Viele Menschen in den katholischen und evangelischen Gemeinden träumten mit mir von der Einheit der Kirchen. Aus dem Grund herrschte in den ökumenischen Gottesdiensten eine Atmosphäre, in der Gott auf der Erde seinen Platz gefunden hatte. Sie waren für mich spirituelle „Highlights", da ich in ihnen viel Segen empfing.

Aber im kirchlichen Alltag komme ich nicht gegen das Kirchenrecht an. Trotz aller Sehnsucht verbietet es mir, das Abendmahl ökumenisch zu feiern. Obwohl die Antwort klar ist, frage ich mich manchmal: Wer hat die Macht, zu verbieten oder zu erlauben? Wer bestimmt, wie die Kircheneinheit in Zukunft auszusehen hat? Der Papst, ein ökumenisches Konzil, eine Synode, der evangelische Landesbischof, das Presbyterium oder der Pfarreirat? Wer zeigt auf, wie und wo es zur Einheit langgeht? Eines habe ich inzwischen mühsam gelernt: Die Theologie alleine entscheidet darüber nicht. Hinter den Kulissen zeigt sich, dass die Ökumene tatsächlich eine Frage der Macht ist. Mächtige Kirchenobere bestimmen die Regeln des Ökumenespiels. Je höher die Ebene in der Kirchenleitung, desto komplizierter wird es.

In dem Zusammenhang fällt mir ein Wort Jesu ein: *„Wenn das Weizenkorn nicht in die Erde fällt und stirbt, bleibt es allein; wenn es aber stirbt, bringt es reiche Frucht“ (Joh 12,24).* Zunächst scheint Sterben das Thema zu sein, so dass der Spruch zur Beerdigungspredigt häufig gebraucht wird. Dahinter verbirgt sich aber noch eine andere Idee. Es gilt, auf das Leben zu verzichten, um viel mehr Leben zu ermöglichen. Ist Verzichten nicht der Begriff, der auf die Ökumene angewandt werden kann? So wie das Weizenkorn auf das eigene Leben verzichtet, damit aus der Erde die neuen Körner wachsen, so könnten oder müssten die Mächtigen in der Kirche auf ihre Macht verzichten. Sterben hieße dann machtlos werden. Aber wer mächtig ist, schreckt zurück und klammert sich an seine Macht. Auf sie zu verzichten, um Jesus im Bild vom sterbenden Weizenkorn nachzufolgen, ist für ihn undenkbar. Wer weiß dagegen, was solch ein Machtverzicht in den Kirchen alles ermöglichen würde. Aus einem Weizenkorn, das auf sein Leben verzichtet, wachsen in der Regel fünfzig und mehr erntereife Körner. Um diesen Mehrwert geht es. Deshalb passt der Spruch Jesu in die Ökumene. Denn die Bereitschaft, die eigene Macht sterben zu lassen, hilft den Gemeinden, in der Ökumene weiterzukommen. Dadurch wächst neues ökumenisches Leben vor Ort, und das, was einmal undenkbar war, wird möglich. Plötzlich könnten die Altartische für ein gemeinsames Abendmahl gedeckt werden. Sind Kirchenleitungen dazu bereit, ihre Macht abzugeben, um so reiche ökumenische Frucht zu bringen?

Für die Ökumene wünsche ich mir die Weizenkornhaltung. Es ist nur eine bescheidene Bitte, die ich an den Papst und den Landesbischof, an die Pfarreiräte und an die Presbyterien habe. Selbstverständlich verspreche ich, selbst ein Weizenkorn zu sein, da wo ich gefordert bin. Um das Leben der einen Kirche zu ermöglichen, gibt es Situationen, in denen ich zu verzichten habe. Dankbar bin ich, dass in der Ökumene schon viele Körner ihre Macht aufgegeben haben und zu Ähren herangewachsen sind.

Der Schlusspunkt

Nicht Resignation, sondern Hoffnung prägt selbst im Alter mein ökumenisches Engagement. Ich bin nicht allein. Thomas, Angela, Bruni, Dietmar, Burga, Veronika, Bernhard, Uta, Gabriela, Christine, Hans-Willi, Lothar, Gabi und Wolfgang sind mit auf dem Weg. Unsere evangelischen und katholischen Herzen brennen, und jedes Treffen unserer Gruppe facht das ökumenische Feuer neu an. Kirchliche Dokumente können es nicht löschen. Die verschlossenen Ohren mancher Kirchenbeamter provozieren uns, trotz unserer grauen Haare weiterzumachen und das einzufordern, was unser Herr und Bruder Jesus Christus selbstverständlich wünscht. Die Einheit seiner Jüngerinnen und Jünger war ihm ein Herzensanliegen. Um der Ökumene willen ist unsere Gruppe nach Wittenberg und Rom gepilgert. Wir haben uns informiert. Die erlebten Gegensätze trieben uns nicht auseinander, sondern wir spürten, dass die ursprüngliche Botschaft beider Orte ähnlich klingt.

Auf einer weiteren Pilgerfahrt haben wir zufällig die Gemeinsamkeit an einem Kunstwerk entdeckt, das „Ökumene" betitelt ist. Nahe unserer Heimat Mönchengladbach steht im Bergischen Land der Altenberger Dom. Er ist eine wuchtige Kirche aus dem 13. Jahrhundert, die seit über 100 Jahren ökumenisch genutzt wird. Jeden Sonntag finden hier ein evangelischer und ein katholischer Gottesdienst statt, immerhin ein bescheidener Anfang. Vorher haben hier Klosterbrüder gesungen und gebetet. Ihr frommes

Tun ging bis auf einen der ersten Zisterziensermönche, den heiligen Bernhard von Clairvaux, zurück. Napoleon vertrieb die Mönche und säkularisierte das Kloster. Nach der Vertreibung entstand eine ökumenische Gemeinsamkeit, die weder von einem weitsichtigen Superintendenten noch von einem klugen Bischof begründet wurde. Vielmehr bereitete die Baufälligkeit der Kirche Sorge. Zur Unterhaltung brauchte man viel Geld. Der preußische König war bereit, die Renovierung des Altenberger Domes zu finanzieren, wenn ihn die katholische und evangelische Kirche zukünftig gemeinsam nutzen würden. Die Kirchen haben sich darauf eingelassen, und bis heute funktioniert die ökumenische Eintracht. Die finanzielle Not machte Ökumene möglich. Aber statt stolz von einem Dom der Ökumene zu reden, spricht man verschämt von einer Simultankirche. Damals war es ein kleiner Schritt, den das fehlende Geld ermöglichte. Unsere Gruppe wartet auf die Einheit, die die Bibel möglich macht.

Im linken Seitenschiff des Domes entdeckten wir die Arbeit eines hiesigen Bildhauers. Werner Franzen war erfüllt von der ökumenischen Idee und hat ein altes Motiv aufgegriffen, das im Leben des heiligen Bernhard eine zentrale Rolle spielt. Eine Legende erzählt von einer liebevollen Begegnung des Mönchs mit dem Gekreuzigten. In seiner Frömmigkeit war Bernhard ein tiefer Verehrer des Kreuzes. Seine Kreuzestheologie und Kreuzesmystik prägen die mittelalterliche Theologie. Martin Luther hat die Überlegungen Bernhards geschätzt. Vor allen Dingen faszinierte ihn die Kreuzesminne, die er immer wieder zitiert hat. Eines Nachts war der Mönch Bernhard im Kreuzgang vor einem Kreuz im Gebet versunken. Zunächst beachtete er gar nicht, wie sich die Arme des Gekreuzigten von den Balken des Kreuzes lösten. Christus beugte sich herab und nahm Bernhard in den Arm. Die Geschichte hat in der Tradition lange nachgewirkt. Denn sie widerspricht dem aggressiven Ton des Kreuzzugpredigers Bernhard. Sie erzählt von Zärtlichkeit und Zuneigung. Viele Künstler haben die Szene aufgegriffen. In der Kunstgeschichte spricht man vom Motiv der „Umarmung".

Dagegen überrascht die Altenberger Darstellung, die weniger zitiert als vielmehr neu interpretiert. Sie bietet eine andere Pointe. Vor dem Kreuz knien Bernhard von Clairvaux und Martin Luther gemeinsam. Bernhard, in der Darstellung ein alter Mann, stützt sich auf seinen Abtsstab, Martinus, ein Jüngling, umklammert eine Schriftrolle. Katholisches Amtsverständnis und evangelische Bibelfrömmigkeit klingen an, aber die theologische Differenz trennt nicht. Der Gekreuzigte löst wieder seine Arme vom Kreuz und umarmt beide Knienden gleichzeitig. Der Herr Jesus Christus nimmt liebevoll Bernhard und Martinus in seine Arme. Unter dem Kreuz wird keiner konfessionell ausgeschlossen, da der Katholik Bernhard und der Protestant Martin gleichzeitig in den Armen des Gekreuzigten ruhen. Wer aber von ihm umarmt wird, ist für immer sein Geliebter. Christus hält sie beide fest, so dass sie keiner auseinanderbringt. Hirtenstab und Schriftrolle werden eigentlich überflüssig.

Vor dem Werk wurde uns klar, dass keine Konfessionsgrenze von der Liebe Christi trennen kann. Der Gekreuzigte lässt keine Trennung zu. Das Kunstwerk heißt zu Recht Ökumene. Vor ihm versprechen wir Grauhaarigen, uns auch in Zukunft für die Einheit unserer Kirchen einzusetzen. Als Geliebte Christi ruhen alle Christinnen und Christen wie Martin und Bernhard in seinen Armen.

Keine Kirchenleitung darf dazwischenschlagen und sie auseinanderreißen. Sie würde die blutenden Arme des Gekreuzigten treffen und ihm eine weitere Wunde zufügen. Ermutigt kehrten wir nach Hause zurück.

Nachwort

Als Albert Damblon mich um ein Nachwort zu seiner „Ökumenischen Biografie“ bat, war ich neugierig auf das, was er geschrieben hatte. 15 Jahre waren wir gemeinsam unterwegs mit unserem Herzensanliegen Ökumene. Er wolle diesen Abschnitt seines Lebenswerkes mit seinem Büchlein abschließen, meinte der Autor. Und dazu fehle ihm noch die protestantische Sicht auf diese Jahre.

Ich gehöre zu einer Generation, für die das ökumenische Miteinander keine Selbstverständlichkeit war. Das lag auch an einer groben Lieblosigkeit und Ungerechtigkeit, die meinen Eltern widerfahren war. Mein Vater, gutkatholisch, regelmäßiger Kirchgänger und Chorsänger, verliebte sich in eine evangelische Frau. Die beiden heirateten. Mein Vater wurde daraufhin exkommuniziert, er durfte nicht mehr an der Eucharistiefeier teilnehmen und auch der Chorgesang blieb ihm fortan verwehrt. Den Schmerz durch diese Ausgrenzung trug er ein Leben lang bis zu seinem Tod. Meine Eltern verloren ihre spirituelle Heimat. In mir blieben für viele Jahre Unverständnis und Wut über eine Kirche, die zwar Liebe predigte, aber die Liebe zweier Menschen bestrafte, weil sie zwischen Protestanten und Katholiken nicht erwünscht und geduldet war.

Das ist lange her. Heute sind viele gemischtkonfessionelle Ehen Keimzellen der Ökumene. Katholiken und Protestanten feiern gemeinsam Gottesdienste, singen gemeinsam in Chören, engagieren sich gemeinsam in unzähligen sozialdiakonischen Projekten. Die Märchen, die Albert Damblon erzählt, wurden Wirklichkeit. Das stimmt mich sehr froh und zuversichtlich. Er und die vielen in der ökumenischen Bewegung engagierten Menschen können stolz sein auf das Erreichte und mutig und beharrlich weitergehen auf dem Weg zu der einen Kirche, die wir alle glauben, die aber noch nicht Wirklichkeit ist.

Die unheilvolle Geschichte der Spaltung ist noch nicht vorbei. Der Schmerz und die Sehnsucht nach Einheit konzentrieren sich auf zwei Bereiche des kirchlichen Lebens: das Abendmahl und die Gestaltung der Machtausübung innerhalb der Kirchen.

Im Oktober 2016 fuhr eine Gruppe engagierter Christinnen und Christen nach Rom. Auf dem Programm stand ein Besuch des vatikanischen Rates zur Förderung der Einheit der Christen.* Ein Monsignore empfing uns und referierte uns routiniert und kühl, dass es so bald keine gemeinsame Mahlfeier in Deutschland geben würde. Desillusioniert und sprachlos angesichts der Kompromisslosigkeit seiner Ausführungen saßen wir um den Monsignore herum, bis dann ein Mitglied der Reisegruppe unter Tränen davon zu erzählen begann, welchen Schmerz diese kühl referierte Ausgrenzung vom Abendmahl für eine gemischtkonfessionelle Familie bedeute. Ein bewegender Moment, der den kühlen Monsignore dazu bewegte, sein sicher schon unzählige Male vorgetragenes Konzept zu verlassen. Er verwies auf die Äußerung von Papst Franziskus beim Besuch in der lutherischen Gemein-

---

* Albert Damblon hat in seinem Buch „verbeult, verschlafen – durchgehalten", Würzburg 2017, davon erzählt.

de in Rom. „Sprechen Sie mit dem Herrn und schreiten Sie voran“, hatte der Papst mit Blick auf das gemeinsame Abendmahl gesagt. Und der Monsignore, der sich zuvor gewandt durch den Dschungel theologischer Streitpunkte und intellektueller Spitzfindigkeiten bewegt hatte, fügte ein wenig überraschend noch hinzu: „Druck von unten ist heilsam.“

Vorangeschritten sind die Christinnen und Christen in Mönchengladbach mit großen Schritten, und Druck von unten haben sie klug und intensiv entfaltet. Ein Höhepunkt jagte den anderen. Zur Einheit im Herzen durch das gemeinsame Gebet, wie Albert Damblon schreibt, kam eine wachsende Einheit in verbindlichen Strukturen. Die Ökumenische Erklärung von 2012 legt die Grundlagen für das ökumenische Miteinander und beschreibt das Ziel aller gemeinsamen Bemühungen: das gemeinsame Abendmahl. 2013 wird der gemeinsame Ökumene-Ausschuss von den Gladbacher Gemeinden eingesetzt. Er schafft ein Plenum für die Kommunikation der Leitungsgremien und die Weiterentwicklung der Ökumene. Und 2017 folgt die Ökumenische Plattform. Lange vorbereitet und dann von allen Leitungsgremien beschlossen. In ihr heißt es:

„Seit vielen Jahren leben wir in unseren Gemeinden im Geist der Ökumene. Wir wollen stärken und mehren, was uns verbindet, sowie klar sehen und achten, was uns unterscheidet. Die sichtbar gewordene und sichtbar werdende Einheit braucht Stärkung und Festigung.

Wir erfahren, dass das ökumenische Miteinander als gemeinsamer Lernprozess unser christliches Leben nachhaltig bereichert.

Wir anerkennen die Notwendigkeit des refomatorischen Ringens um schriftgemäße Auslegung, Authentizität und die Gestalt der Kirche. Wir sehen, dass die Kirche der ständigen Reform bedarf, um ihren Auftrag erfüllen zu können.

Wir vor Ort wissen um die Würde aller Getauften und um ihre Verantwortung für Kirche und Welt. Alle Christinnen und Christen haben Anteil am Amt Christi, und sie sind berufen, Christi Botschaft der Welt zu verkünden.

Darüber hinaus stellen wir fest, dass wir vor Ort den Heilsdienst der verschiedenen kirchlichen Ämter notwendig haben und wir sie gegenseitig respektieren. Wir erfahren das Wirken des Heiligen Geistes in allen amtlichen Diensten der Kirchen.

Grundlegende Aufgaben der ordinierten Amtsträger und Amtsträgerinnen sind die Verkündigung des Evangeliums, die Spendung der Sakramente und der diakonale Liebesdienst. Die Getauften, die Gemeinden und die Welt bedürfen dieses Heilsdienstes, der bei uns sorgfältig ausgeübt wird."

Ökumene ist tatsächlich nur lebendig, wenn sie eine „Ökumene des Anpackens" ist, wie Albert Damblon schreibt. Das ist manchmal mühsam und kostet viel Zeit und Kraft. Aber diese Ressourcen haben wir mit Freude investiert. Zeit und Kraft sind uns geschenkt worden. Als Frucht einer tiefen spirituellen Erfahrung im Miteinander. Die theoretische Auseinandersetzung mit unserer je eigenen Geschichte und unseren kirchlichen Traditionen ist nicht der Motor unserer ökumenischen Bewegung. Sie ist lediglich die Beschreibung dessen, was wir im praktischen Miteinander leben, erfahren und erkennen. Sie beschreibt das, was wir mit dem Verstand erkannt haben und mit dem Herzen glauben.

Der Motor, der die wunderbare Entwicklung der Ökumene in unserer Stadt vorantreibt, sind die gemeinsamen

Gottesdienste und insbesondere die gemeinsamen Abendmahlsfeiern. Nie zuvor in den vielen Dienstjahren als Pfarrer habe ich so intensiv mit dem Herzen gespürt und mit dem Verstand begriffen, was das Abendmahl bedeutet. Und insbesondere die Gottesdienste im Jahr der Barmherzigkeit, 2016, werde ich nicht vergessen. Ich habe sie mit einem Pater vorbereitet, der der Ökumene kritisch, aber abwartend gegenüberstand. Auf dem Weg zur Stadtkirche und vor dem Durchzug durch die Pforte der Barmherzigkeit haben wir mit den vielen Menschen, die mit uns den Pilgerweg gegangen sind, folgendes Gebet gesprochen:

„Wenn denn Barmherzigkeit der Weg ist, der Gott und Mensch vereinigt, wie kann dann die Kirche, die diese Barmherzigkeit predigen und leben soll, eine in Konfessionen Gespaltene sein? Wie kann es sein, dass Protestanten und Katholiken in den zurückliegenden 500 Jahren sehr unbarmherzig gegenüber dem jeweils anderen gewesen sind? Wie viele Menschen haben aufgrund der Spaltung ihr Leben verloren, wurden ausgegrenzt, verjagt, denunziert, ihrer Würde beraubt? Schwer legt sich diese Schuld auf unsere Schultern. Wir sagen seit geraumer Zeit: Wir wollen das nicht mehr! Wir erkennen und bekennen, wie sehr wir mit der Spaltung das Wort der Barmherzigkeit beschädigt, entkräftet und unglaubwürdig gemacht haben. Wir bekennen, wie viel Unglück wir damit über die Menschen und uns selbst gebracht haben. 500 Jahre Spaltung sind genug! Deshalb heute unsere Bitte an Gott: Vergib uns unsere Schuld. Stelle uns auf. Richte uns neu aus. Stärke uns und führe uns zur Einheit. Lass uns nicht müde werden! Gib uns Geduld, den Einreden, den Bedenken, den Widerreden, den Drohungen zu widerstehen. Gib uns den Mut, zu tun, was wir als richtig erkannt haben. Lass uns eindeutig und klar vor jedermann bekennen: Hier stehen wir und wir können nicht anders!"

Und dann haben wir in der Basilika das Abendmahl gefeiert. Und alle waren eingeladen. Ein wunderbarer Moment. Seitdem weiß ich, dass das Abendmahl Einheit schafft, Getrenntes zusammenführt, Wunden heilt über alle von Menschen gesetzten Grenzen hinweg.

Im Dekret über den Ökumenismus des 2. Vatikanischen Konzils heißt es: „… und er hat in seiner Kirche das wunderbare Sakrament der Eucharistie gestiftet, durch das die Einheit der Kirche bezeichnet und *bewirkt* wird."

Eine tiefe spirituelle Erfahrung. Übrigens: Auch den Pater veränderte die Erfahrung. Er wurde ökumenisch offener.

Unsere Begeisterung entfaltete in diesen Jahren eine große Dynamik. Und tief in unseren Herzen hofften wir, dass diese Dynamik auch die Kirchenleitungen erreichen und verändern könnte. Albert Damblon warnte vor unrealistischen Erwartungen. Er kennt seine Kirche. Er hatte die Sorge, dass Rückschläge Motivation und Engagement beschädigen könnten.

Und die Rückschläge kamen. Die Ökumenische Plattform, sorgfältig vorbereitet, diskutiert, mit Experten beider Konfessionen überprüft und verfeinert, auf dem Boden kirchlicher Lehre und kirchlichen Rechts, ein Glaubenszeugnis von vier großen Gemeinden im Zentrum unserer Stadt, wurde von der Bistumsleitung weder kommentiert noch bewertet, sie wurde ganz einfach kühl ignoriert. Stattdessen wurde uns eine Kooperationsvereinbarung vorgelegt, die uns um Jahre zurückgeworfen hätte. Und insbesondere dem gemeinsamen spirituellen Leben sollten so enge Fesseln angelegt werden, dass es zum Erliegen gekommen wäre. Wir haben die Kooperationsvereinbarung nicht unterschrieben.

Der Autor weist zu Recht darauf hin, dass Ökumene eine Frage der Macht ist. Die Kirchenleitung setzt die ihr eingeräumte Macht gezielt ein. Dem verantwortlichen katholischen Priester wurde massiv deutlich gemacht, dass eine Fortführung der ökumenischen Praxis für ihn dienstaufsichtliche Folgen hätte. Die Abberufung und Versetzung drohten. Der Priester wird zur Geisel der Machtausübung. Wenn die Gemeinde nicht will, dass ihr Pfarrer Schaden nimmt, dann tue sie das, was der Bischof von ihr verlangt. Ich finde diese Vorgehensweise infam und unakzeptabel.

Im Dekret über den Ökumenismus des 2. Vatikanischen Konzils heißt es weiter: „Es gibt keinen echten Ökumenismus ohne innere Bekehrung. Der Völkerapostel sagt: ‚So ermahne ich euch denn, ich, der Gefangene im Herrn, wandelt würdig der Berufung, zu der ihr berufen seid, mit aller Demut und Sanftmut, ertraget einander geduldig in Liebe; bestrebt euch, die Einheit des Geistes zu bewahren durch das Band des Friedens' (Eph 4,1–3). Diese Mahnung gilt besonders denen, die die heiligen Weihen empfangen haben, damit die Sendung Christi, der zu uns kam, ‚nicht um bedient zu werden, sondern um zu dienen' (Mt 20,28), ihre Fortsetzung finde."

Das Buch nennt das die Weizenkornhaltung. Dahinter verbirgt sich die für die ökumenische Bewegung in den kommenden Jahren entscheidende Frage, in welcher Kirche wir in Zukunft denn leben wollen: In einer Kirche, die reglementiert und diszipliniert, die vorgibt und exekutiert, was Menschen zu glauben und wie Menschen zu leben haben? Oder in einer Kirche, die dem

Priestertum aller Gläubigen Raum gibt und die Selbstständigkeit und Verantwortung der Gemeinden vertrauensvoll unterstützt und fördert? Die Protestanten werden ihre Tradition und ihr Verständnis von Kirche, die in der presbyterial-synodalen Ordnung niedergeschrieben worden sind, in den ökumenischen Dialog einbringen. Bewegungen wir Maria 2.0 und Kirche von unten, die vielen Gemeinden, die neue Wege suchen und gehen, geben Hoffnung, dass der Wille zu Erneuerung und Reform sich langfristig durchsetzen wird. Ökumene geschieht von unten. Die Gemeinden, das ist eine Erfahrung, die Albert Damblon und ich teilen, sind schon sehr viel weiter als die kirchlichen Leitungsebenen. Der Heilige Geist scheint sich schon längst ein Instrument für Erneuerung und Einheit erwählt zu haben. Die Bischofsresidenzen meidet er wohl noch.

Wir werden der ökumenischen Bewegung treu bleiben. Im Rahmen unserer Möglichkeiten als Ruheständler werden wir uns einbringen. Und 2030, das Gedenkjahr des Augsburger Bekenntnisses, könnten wir noch erleben. Vielleicht wiederholt sich dann die Aufbruchsstimmung wie im Jubiläumsjahr der Reformation 2017. Dann mit engagierten Reden *und* mit entschlossenem Handeln.

Zum Schluss ist dieses Buch für mich zu einer Inspiration geworden. Seine einfühlsamen und feinsinnigen Erzählungen haben mich angeregt, meinen eigenen Erinnerungen nachzugehen. Ich bin sehr dankbar für dieses Buch. Und ich bin dankbar für die vielen wunderbaren Erfahrungen und Erlebnisse auf dem gemeinsamen Weg mit Albert und vielen anderen. Ich bin sicher, dass die Leserinnen und Leser aus diesem Buch Mut, Zuversicht und Geduld für ihr eigenes ökumenisches Engagement gewinnen können. Für die Ökumene ist es nie zu spät. Sie ist das wichtigste Projekt für die kommenden Jahrzehnte. Sie wird aus den Kirchen eine Kirche formen, die Gott und den Menschen näher ist. Verwirklichen wir gemeinsam den „Traum“, den ein Mitglied eines Gemeinderates in einem ökumenischen Gottesdienst vorgetragen hat:

„Ich träume von einer Kirche, die keinen Turm hat und keinen Turm braucht, denn niemand braucht nach oben zu weisen, das Licht des Himmels ist allen Augen sichtbar.
Ich träume von einer Kirche, die keine Türen hat und schon gar keine Schlösser an ihren Türen, in die wir hineingehen können oder hinaus, in voller Freiheit, weil das Innen und das Außen eins sind.
Ich träume von einer Kirche, deren Wände sich auflösen, so dass das Licht von allen Seiten eindringt; von einer Kirche, in der Freiheit ist, die sich selbst und ihre Grenzen und Wände nicht wichtig findet; die ihr Dach und ihre Wände und Pfeiler dem Glanz des Himmels zum Opfer bringt.
Ich träume von einer Kirche, die durchscheinend wie Glas ist oder noch mehr: von einer Kirche, die so offen und so frei ist wie die Welt selbst.“

Wolfgang Hess*

---

* Geboren 1954 in Rheydt; Studium der evangelischen Theologie in Wuppertal, Tübingen und Bonn; Vikar von 1981 bis 1983 in der Friedenskirchengemeinde Mönchengladbach und in der Ev. Kirchengemeinde Hardt; 1983 bis 1985 Pfarrer in der Pauluskirchengemeinde in Krefeld, 1985 bis 2019 Pfarrer in der Christuskirchengemeinde Mönchengladbach.

Die Geschichten „Erste ökumenische Einsicht“ und „Wer zu spät kommt …“ habe ich in verkürzter Form im WDR 3 und WDR 5 am 9.1.2020 und am 11.1.2020 als Morgenandacht vorgetragen.

Als „Schlusspunkt“ habe ich die Geschichte eines Kunstwerkes zur Ökumene erzählt. Sie habe ich erweitert am 10.1.2021 als geistliches Wort im WDR 5 vorgetragen.

Weitere Titel von Albert Damblon

Zwischen Zuversicht und Zweifel
Nachdenken über Ostern

120 Seiten. Broschur

ISBN
978-3-429-03688-1
978-3-429-04749- (PDF)
978-3-429-06163- (ePub)

Das Buch erhalten Sie in Ihrer Buchhandlung.

Gottesflüsterer
Annäherungen an ein Geheimnis

144 Seiten. Broschur

ISBN
978-3-429-03843-4
978-3-429-04821-1 (PDF)
978-3-429-06238-5 (ePub)

Das Buch erhalten Sie in Ihrer Buchhandlung.

echter verlag
www.echter.de